NOTICE

D'UNE COLLECTION

DE VASES ANTIQUES

EN TERRE PEINTE

PROVENANT

des Fouilles faites en Étrurie

PAR FEU M. LE PRINCE DE CANINO

LA VENTE DE CETTE COLLECTION SE FERA

Rue des Jeûneurs, n° 16 (*Salle n° 3*),

le Mardi 4 avril 1843 et jours suivants,

de midi à quatre heures de relevée.

L'exposition publique aura lieu

les Dimanche et Lundi précédents.

Les adjudications seront faites par Mᵉ BONNEFONS DE LAVIALLE,

Commissaire-priseur, rue de Choiseul, 11.

PRIX : 1 f. 50 c.

Cette Notice se trouve, à Paris,

Chez MM. { BONNEFONS DE LAVIALLE, rue de Choiseul, 11;
DAUVIN et FONTAINE, libraires, passage des Panoramas;
JULIEN, libraire, quai des Augustins, 17 (*bis*);

A la Librairie de la Maison-d'Or, rue Lafitte, 1.

1843

PARIS. — IMPRIMERIE PANCKOUCKE, RUE DES POITEVINS, 14.

AVERTISSEMENT.

La collection dont nous publions la Notice se compose presque entièrement des vases découverts en 1828 et 1829, dans les premières fouilles faites sur l'emplacement de l'ancienne Vulci. La plupart de ces pièces ont été indiquées dans les catalogues publiés à Viterbe (1) par le feu prince de Canino. Quelques-unes d'entre elles se trouvent gravées et savamment expliquées par M. Micali (2). Un petit nombre d'autres sont citées ou publiées dans les *Annales de l'Institut archéologique*. Plusieurs sujets de choix sont fidèlement lithographiés dans un recueil publié à Florence par l'ancien possesseur de ces antiquités (3).

L'importance de ce genre de monuments étant suffisamment appréciée, nous nous bornerons à rappeler ici les divisions adoptées dans cette Notice :

Sujets mythologiques. — Histoire héroïque antérieure à la naissance d'Hercule. — Faits relatifs à la vie d'Hercule depuis le premier de ses travaux jusqu'à son apothéose. — Sujets iliaques. — Combats et guerriers. — Culte. — Mariages. — Hospitalité. — Exercices du stade, de la palestre et de l'hippodrome. —

(1) *Catalogo di scelte antichità etrusche, trovate negli scavi del principe di Canino. — Muséum étrusque de Lucien Bonaparte, prince de Canino.*

(2) *Monumenti per servire alla storia degli antichi popoli italiani.*

(3) *Vases étrusques de Lucien Bonaparte, prince de Canino.*

Repas. — Musique. — Scènes de la vie privée. — Animaux, etc. — On doit faire observer, en outre, qu'un assez grand nombre de ces pièces présentent les noms des artistes dont elles sont l'ouvrage. Parmi ces derniers il nous suffira de nommer, entre beaucoup d'autres, *Epictète*, *Doris*, *Onésimus*, *Phédippe*, *Amasis*, *Hiéron*, *Andocides* et *Tléson*.

Ces vases seront présentés dans l'état où ils furent trouvés à l'époque de leur découverte ; aucune restauration ne cache les fractures que beaucoup d'entre eux ont éprouvées lors de l'ancienne violation des tombeaux qui les renfermaient. Le seul soin qu'on ait cru devoir prendre s'est borné à rattacher provisoirement les parties séparées. On doit regretter qu'un accident plus récent soit venu ajouter quelques malheurs nouveaux à ceux que l'on avait à déplorer, quoique d'ailleurs ces diverses mutilations puissent être facilement réparées.

Malgré les détériorations qu'elle a éprouvées dans quelques-unes de ses parties, cette réunion si riche de sujets, et si importante sous le rapport de l'art, est tout à fait digne d'exciter un haut intérêt, et de prendre une place très-distinguée parmi celles offertes depuis quelques années aux collections publiques et particulières de l'Europe.

NOTICE

D'UNE COLLECTION

DE VASES ANTIQUES

EN TERRE PEINTE

PROVENANT

Des Fouilles faites en Etrurie

PAR FEU M. LE PRINCE DE CANINO.

1 — F. 14. Peint. j. — Jupiter, vêtu de long et placé entre deux autels allumés, tient une belle *phiale* de la main droite, et s'appuie de la main gauche sur un sceptre. Sa chevelure, relevée en arrière, est retenue par une couronne de laurier.

A la gauche et en regard du dieu se voit une femme vêtue d'une tunique *talaire*, recouverte en partie d'un *péplus*, et coiffée d'un bonnet. Cette figure, qui peut représenter Hébé, tient une aiguière et fait une libation sur l'autel le plus rapproché d'elle. Le côté opposé est occupé par une autre femme (Cérès ou Proserpine), tenant deux flambeaux. Sous les anses sont peints deux palmiers. Sur le fond : ΚΑΛΟΣ (*beau*).

R. Cérès, debout et coiffée d'un bonnet, est vêtue d'une tunique *talaire* recouverte d'un péplus; sa main gauche tient trois épis, et la droite une aiguière richement ornée. En regard de la déesse se voit Triptolème assis sur un char attelé de deux serpents. Le fils de Métanire est imberbe; sa chevelure, relevée en arrière, est maintenue par une couronne de laurier; sa main gauche repose sur un sceptre, et la droite présente une *phiale* richement décorée de *gemmes*.

Derrière le char s'élève un cippe cannelé, au delà duquel est une femme debout et qui tient une couronne. Sur le fond : ΚΑΛΟΣ (*beau*). — La bouche seule de ce beau vase a été fracturée.

Découvert en mars 1829, dans la fouille de Cavalupo. — (*Mus. étr.*, 1378.)

Hauteur, 39 cent.

2 — A trois anses. Peint. j. — Jupiter nu (1) et couronné de myrte, court en tenant un foudre de la main gauche, et cherchant à saisir de la droite une femme qui, retournant la tête vers lui, le repousse et paraît effrayée. Cette dernière, à laquelle les conquêtes nombreuses de ce dieu ne permettent guère d'assigner un nom, porte une *stéphané*, des pendants d'oreilles et des bracelets. Sa chevelure, bouclée au-dessus du front, est en grande partie rassemblée en arrière et contenue dans un petit sac entouré de cordons. Son vêtement consiste en une double tunique. Le visage de Jupiter est repeint.

Au-dessous du col. — Un éphèbe conduisant un quadrige.

Haut., 53 cent.

(1) A l'exception d'une draperie légère qui passe sur ses bras.

3 — F. 1. Peint j. — Iris? la tête ornée d'une *stéphané*, vole en tenant une phiale et un autre objet auquel nous ne pouvons donner aucun nom.

R. Un éphèbe, à demi enveloppé du *tribon*, étend le bras droit en avant, et appuie sa main gauche sur un bâton.

Haut., 70 cent.

4 — Amphore. Peint. n. — Apollon lyricine debout et en regard d'une femme vêtue de long, et qui n'est reconnaissable par aucun attribut. Derrière celle-ci est Mercure, qui la quitte en tournant la tête de son côté. A la suite d'Apollon, se voit une autre femme qui précède Neptune armé de son trident.

R. Deux jeunes cavaliers, vus de face, et tenant chacun

une lance, regardent deux femmes placées debout à leurs côtés, et dont l'une soulève un peu la draperie qui la couvre.

Haut., 43 cent.

5 — Amphore. Peint. n. — Apollon citharède, accompagné d'un daim, est debout en regard d'une déesse qui n'offre aucun attribut. A la suite de cette dernière, sont : Mercure, muni de son caducée; Libera, portant une branche de lierre; et Neptune, appuyé sur son trident.

R. Bacchus, couronné de lierre, tient un *céras* et deux branches de lierre. A ses côtés sont deux Bacchantes et deux Satyres qui sautent.

Haut., 50 cent.

6. — F. 7. Peint. n. — Apollon citharède, en regard d'une déesse diadémée et qui tient une fleur. A la suite du dieu, marchent deux déesses, dont l'une tient également une fleur. Sur diverses parties du fond, on lit les inscriptions suivantes : **ΝΕΟΤΛΟΕΤ**, — **ΟΙΤΤΟΗΕ**, — **ΕΤΦΙΛΕΤΟΣ**, — **ΝΙΟΕΤΣ**, — qui, la plupart n'offrent aucun sens, et **ΚΑΛΕ** (*belle*). — (*Mus. étr.*, 1790.)

Haut., 26 cent.

7 — Amphore. Peint. n. — Apollon citharède, debout entre deux hommes barbus, assis sur des pliants et appuyés sur des hastes. Derrière ces personnages sont deux femmes debout et vêtues de long.

R. Un homme jeune et couvert d'une longue tunique blanche, est monté sur un quadrige, et reçoit les adieux d'un vieillard suivi d'un guerrier qui précède un autre homme à cheveux blancs. En regard des chevaux, un personnage vêtu de long est assis sur un pliant.

Haut., 27 cent.

8 — Amphore. Peint. n. — Apollon citharède, suivi d'une déesse qui tient une fleur, est debout et en regard d'une autre déesse qui précède Mercure.

R. Hercule debout, étouffe le lion, en présence de Minerve et d'Iolas.

Haut., 31 cent.

9 — Amphore. Peint. n. — Apollon citharède entre deux femmes assises sur des pliants et qui paraissent l'écouter avec attention.

R. Bacchus tenant un *canthare* et une branche de lierre, entre deux Satyres *ithyphalliques*. Derrière le dieu est un bouc.

Haut., 40 cent.

10 — F. 13. Peint. n. — Apollon citharède debout devant une femme assise, qui tourne la tête en arrière vers une autre femme debout.

Haut., 20 cent.

11 — F. 1. Peint. n. — Minerve combattant deux *Pallantides*, dont l'un, déjà vaincu, est tombé aux pieds de la déesse. Les boucliers de ces guerriers sont ornés du *triskèle* et d'une tête de taureau vue de face. Sur le champ sont tracées cinq lettres mal formées, et dont il serait peut-être difficile de tirer aucun sens.

R. Hercule, coiffé de la peau du lion, armé d'un arc et d'une épée, combat deux guerriers, dont l'un, à demi agenouillé, cherche à le blesser à la cuisse. Sur la droite du champ est placée la massue du héros. Les boucliers de ses adversaires portent pour devise le *triskèle* et un quadrupède passant au-dessus d'un croissant renversé.

Haut., 49 cent.

12 — Amphore. Peint. n. — Minerve montant sur un quadrige et en partie couverte de l'égide, est accompagnée d'Hercule, qui marche à la gauche du char. En avant d'Hercule, et sur le même plan, sont deux personnages en regard. A la tête des chevaux, Mercure, tenant son caducée, paraît servir de guide au cortége. Sur le fond sont tracées quelques inscriptions peu lisibles.

R. Une déesse diadémée montant sur un quadrige, et près de laquelle vole un oiseau, est précédée de Mercure tenant son caducée appuyé contre l'épaule gauche. A côté du char, Apollon pince de la lyre près d'une biche qui semble l'écouter.

Haut., 51 cent.

13 — Amphore. Peint. n. — Composition de douze figures contournant la panse du vase. La scène principale de cette espèce de procession circulaire représente Mercure précédant une femme voilée d'un *péplus* rouge, et tenant une couronne de lierre à la main. Sur la partie opposée du vase, une figure semblable marche à la suite d'un homme nu et barbu.

Haut., 45 cent.

14 — F. 2. Peint. n. — Mercure tenant par son collier Cerbère *bicéphale*. L'entrée des enfers est indiquée par une colonne surmontée d'un oiseau.

Haut., 25 cent.

15 — A trois anses. Peint. j. — Triptolème, imberbe et assis sur un char ailé, tient de chaque main des épis. Sa chevelure, dont quelques tresses tombent sur ses épaules, est retenue et élevée en arrière par une couronne de laurier.

Haut., 36 cent.

16 — F. 1. Peint. n. — Triptolème, barbu et tenant quatre épis, est assis sur un char, et s'appuie sur un sceptre.

R. Bacchus, tenant un canthare et un rameau, est assis sur un char non attelé.

La réunion de ces deux bienfaiteurs de l'homme se retrouve également sur un vase qui faisait partie de la collection de M. le vicomte Beugnot (1).

Haut., 25 cent.

(1) De Witte, *Cat. étrusque*, p. 41, note 2.

17 — F. 3. Peint. j. — Bacchus, couronné de lierre et vêtu de long, attache sur son corps le devant de sa cuirasse, dont les épaulières sont encore relevées. Devant lui est un petit Silène tenant le thyrse et le casque (cranos) du dieu. Ce sujet, fort rarement figuré sur les monuments, doit avoir rapport à l'une des expéditions guerrières que Bacchus entreprit dans la Grèce (1), ou bien à celle beaucoup plus mémorable où il fit la conquête de l'Inde.

R. Bacchus, debout et appuyé sur un thyrse, présente une *canthare* que remplit une femme portant une *pardalide* et tenant des crotales.

Haut., 38 cent.

(1) Pausan., II, 20, 3; *ibid.*, 21, 1; *ibid.*, 23, 8.

18 — Amphore. Peint. n. — Bacchus, monté sur un mulet, tient deux grandes tiges de lierre, et tourne la tête vers une Ménade qui saute. La marche est ouverte par un vieux Satyre imitant avec ardeur les mouvements de sa compagne.

R. Bacchus barbu, tenant un *canthare* et deux ceps, entre deux Ménades qui dansent.

Haut., 40 cent.

19 — Amphore. Peint. n. — Bacchus, monté sur un mulet et précédé d'un Satyre qui saute, tourne la tête vers un autre Satyre qui danse.

R. Hercule, presque entièrement couché à terre, étreint dans ses bras le lion néméen. A la droite, Minerve, à demi inclinée sur ce groupe, et le bras droit étendu, exprime son admiration pour le héros qu'elle protége. A la gauche, Iolas, tenant la massue d'Hercule et les yeux fixés sur le combat, paraît effrayé. Sur le bouclier de Minerve est peint un serpent.

Haut., 40 cent.

20 — Amphore. Peint. n. — Bacchus, monté sur un mulet, porte un *céras* sur son épaule gauche. Le dieu est précédé d'un Satyre qui danse en pinçant de la lyre. Cette marche est terminée par un Satyre *ithyphallique* qui presse de ses mains les flancs du mulet.

R. Apollon citharède, debout entre deux Heures ou deux Grâces qui l'écoutent. En avant et en arrière du dieu, deux oiseaux éployant leurs ailes.

Haut., 40 cent.

21 — F. Amphore. Peint. n. — Bacchus, monté sur un

mulet, tourne la tête et présente son *canthare* à un Silène, qui le suit en tenant un petit vase. En avant du dieu est un autre Silène à demi agenouillé devant le mulet.

R. Bacchus, tenant un *céras* et un cep de vigne, et accompagné d'un bouc, se tourne vers un Silène jouant de la double flûte. La marche est ouverte par une Ménade qui élève un thyrse, et dont le corps est en partie couvert d'une *pardalide* jetée sur sa tunique.

Haut., 40 cent.

22 — F. Peint. n. — Sur le col, Bacchus, tenant un *céras* et une branche de lierre, tourne la tête vers un Satyre qui danse, et marche à la rencontre d'un autre Satyre qui fait des gestes mimiques.

R. Un guerrier et son écuyer montés sur un quadrige vû de face. Aux côtés du char sont deux éphèbes nus et le regard dirigé vers les précédents.

Sur la bouche du vase, on lit cette inscription tracée en noir : ΑΝΔΟΚΙΔΕΣ ΕΠΟΙΕ (*Andocides me fit*). Ce vase a été décrit (1).

Haut., 40 cent.

(1) Voy. *Mus. étr., etc.*, pag. 35, 24.

23 — Amphore. Peint. n. — Bacchus, tenant un canthare et un cep, tourne la tête vers une femme qui dirige ses pas dans un sens opposé aux siens, mais qui jette ses regards vers lui. En avant du dieu s'avance une autre femme qui étend un bras en tournant la tête hors du champ.

R. Deux guerriers montés sur un quadrige. L'un d'eux porte un bouclier suspendu sur son dos; le bouclier du second est orné de deux dauphins *contrepassés*.

Haut., 41 cent.

24 — F. 2. Peint. j. — Bacchus, barbu et couronné de lierre, tient un thyrse et présente un *canthare* à une femme coiffée d'un bonnet, portant d'une main une branche de lierre, et s'apprêtant à verser à boire au dieu avec une ai-

guière. L'anse et l'arrière du vase sont richement ornés de palmettes. Ce vase a été gravé (1).

Haut., 24 cent.

(1) *Vases étrusques de Lucien Bonaparte, etc.*, 1re livraison.

25 — A trois anses. Peint. j. — Bacchus marche en tenant un *canthare* et une branche de lierre. Derrière lui un Silène portant la *pardalide* nouée sur la poitrine, élève sa main droite sur sa tête, et touche, de l'autre main, le bras droit du dieu.

Haut., 34 cent.

26 — F. 1. Peint. n. — Bacchus, tenant un *canthare* et deux ceps de vigne, est placé en regard d'une femme qui danse. Derrière lui, une femme élève la main gauche.

R. Le même dieu tenant un *céras* et un cep, entre deux femmes qui dansent.

Haut., 27 cent.

27 — Amphore. Peint. n. — Bacchus, tenant un *céras* et un cep garni de son feuillage, est placé entre deux femmes et un Satyre qui dansent.

R. Deux cavaliers combattant à coups de lance sur le corps d'un guerrier tombé à terre.

Haut., 41 cent.

28 — F. 13. Peint. n. — Bacchus, tenant un *céras*, est en regard d'un Silène *ithyphallique*, et qui fait un geste animé.

Haut., 21 cent.

29 — F. 13. Peint. n. — Bacchus, tenant deux tiges de lierre, est assis entre deux Satyres et deux femmes qui dansent.

Haut., 15 cent.

30 — F. 1. Peint. j. — Bacchus, tenant un thyrse et un *canthare*, regarde une femme vêtue de long et qui s'appuie sur un thyrse.

R. Un éphèbe debout et enveloppé d'une draperie.

Haut., 33 cent.

31 — A trois anses. Peint. n. — Tableau supérieur : Bacchus, tenant un *céras*, est assis entre deux Satyres et deux Ménades qui dansent.

Tableau inférieur : Bacchus, présentant un *canthare* à un homme barbu monté sur un quadrige.

Haut., 42 cent.

32 — F. 1. Peint. j. — Bacchus, debout, tient son thyrse dans une direction horizontale, et présente un *canthare*.

R. Une femme *thyrsophore* tient une aiguière. Ces deux figures ne forment qu'un même sujet.

Haut., 37 cent.

33 — F. 14. Peint. j. — Le centre de la composition est occupé par une statue de Bacchus, élevée sur un petit socle. Le dieu est figuré debout et barbu. Sa tête est doublement ceinte d'une couronne de lierre et d'une large bandelette repliée sur elle-même, et ses bras sont cachés sous l'ample vêtement qui les couvre. Cette figure est abritée sous le feuillage d'un lierre. Devant elle se voit une petite table chargée de pains sacrés ou d'autres offrandes mystiques.

En regard de cette image divine, une femme vêtue de long, et coiffée d'un bonnet entouré d'une couronne de lierre, s'incline et semble prête à faire une libation avec un *canthare* qu'elle tient de ses deux mains. Près d'elle est un thyrse.

Ce sujet est complété par une seconde femme placée en arrière de la statue. Cette dernière, également couronnée de lierre, tient de la main droite une aiguière, et sur l'autre main un objet qui s'élève en trois espèces de pointes, et auquel nous ne pouvons appliquer aucun nom.

R. Un homme debout, barbu et vêtu de long, s'appuie

sur un bâton tortu. A ses côtés sont deux femmes également debout et enveloppées dans leur voile.

Ce vase, dont la peinture principale est d'un dessin pur et gracieux, est également remarquable par la finesse de sa terre et la beauté de son émail.

Haut., 30 cent.

34 — Amphore. Peint. n. — Une Ménade assise sur le taureau Dionysiaque, et précédée d'une autre Ménade survêtue d'une *pardalide* nouée sur sa poitrine. Le fond est couvert d'une vigne étendant ses rameaux.

R. Bacchus, assis sur un pliant et tenant une branche de lierre, se tourne vers une Ménade enlacée dans les bras d'un Satyre. Devant le dieu est une autre Ménade portant la *nébride*, couronnée de lierre, comme sa compagne, et faisant des gestes fort animés.

Haut., 45 cent.

35 — F. 14. Peint. j. — Trois suivantes de Bacchus, vêtues de long, couronnées de lierre, et la chevelure attachée derrière la tête, marchent à la suite l'une de l'autre et dans l'ordre suivant : la première tient un *canthare* et une branche de lierre; la seconde, portant la *pardalide* par-dessus sa tunique, joue de la double flûte; enfin la dernière offre les mêmes attributs que celle qui ouvre la marche.

R. Trois femmes vêtues, coiffées et couronnées comme les précédentes. Celle qui occupe la gauche tient une espèce de gobelet sur une main, et paraît s'entretenir avec ses compagnes, dont l'une s'appuie sur un thyrse. La dernière est en partie enveloppée d'un *péplus*.

Ces figures, pleines de grâce et contenues dans de riches bordures, se détachent sur un émail noir et brillant.

Haut., 30 cent.

36 — F. 1. Peint. j. — Une femme tenant deux torches allumées, marche et se tourne vers un vieux Silène qui

appuie sa main droite sur son flanc, et s'appuie de l'autre main sur un thyrse.

Haut., 34 cent.

37 — Tasse à une anse. Peint. j. — Un Silène, portant un petit vase sur la main gauche, tient un *simpulum* de l'autre main. A ses pieds est déposé un vase à deux anses.

R. Une femme qui court en tournant la tête.

Haut., 8 cent.

38 — F. 3. Peint. j. — Un Satyre cornu et tenant une trompette, regarde un Hermès *ithyphallique* placé sur une roche.

Haut., 17 cent.

39 — Tasse à deux anses. Peint. j. — Une Ménade vêtue de court et portant la *pardalide*, tourne la tête, tient une tige de la main gauche, et marche en étendant le bras droit.

R. Une figure incomplète et drapée.

Haut., 9 cent.

40 — Amphore. Peint. n. — Six vieux compagnons de Bacchus préludent à la danse.

R. Trois guerriers couverts d'armes défensives se dirigent vers un homme vêtu de long; à la suite des guerriers marche un autre personnage également vêtu d'une robe longue. Sur les boucliers : une croix, cinq globules, une échelle.

Haut., 41 cent.

41 — F. 2. Peint. n. — Une Ménade tenant des crotales entre deux Satyres qui dansent.

Haut., 20 cent.

42 — Tasse à anse. Peint. n. — Entre deux grands yeux, un Satyre et une Ménade qui dansent. De chaque côté de l'anse, un Satyre qui danse en tenant une bandelette.

Haut., 7 cent. 5 mill.

43 — F. 13. Peint. j. — Un Satyre qui saute, regarde en arrière en portant la main gauche à sa tête, et en tenant de la main droite une branche de lierre. Inscription illisible.

Haut., 21 cent.

44 — F. 2. Peint. n. — Une Ménade entre un Satyre *ithyphallique* et un autre Satyre qui danse.

Haut., 23 cent.

45 — F. 2. Peint. n. — Une Ménade montée sur un mulet, devant un Silène qui la regarde.

Haut. 23 cent.

46 — F. 3. Peint. j. — Une femme debout et tenant un thyrse, en regard d'une autre femme, en partie enveloppée d'un *péplus*.

R. Une femme debout, avançant le bras gauche.

Haut., 11 cent.

47 — F. 14. Peint. n — Tableau supérieur. Trois hommes barbus et couronnés de lierre, accompagnés de deux femmes, sont à demi couchés et appuyés sur des coussins.

Tableau inférieur entourant la forme du vase. Quatre hommes barbus et couronnés de lierre, tiennent des cylix et des *canthares*. La fête est animée par la présence de quatre femmes dont l'une tient une lyre, la seconde une fleur, et les deux autres assises sur des siéges. Au-dessous des anses sont peints un oiseau de proie et un chien en arrêt.

Haut., 21 cent.

48 — F. 14. Peint. j. — Un *lyricine* barbu et couronné de pampres, en regard de trois hommes portant de mêmes couronnes, et faisant les gestes animés qui précèdent l'ivresse. Deux de ces personnages bachiques tiennent des vases, et l'autre un bâton.

R. Trois hommes nus et couronnés de vignes se livrent au plaisir de la danse.

Haut., 40 cent.

49 — Tasse à une anse. Peint. n. — Entre deux grands yeux. Une femme tenant deux branches de lierre. Sous les anses deux lionnes.

Haut., 7 cent.

50 — F. 1. Peint. j. — Sur l'un des côtés du col, un éphèbe tournant sa tête ceinte d'une couronne de pampres, et le corps à moitié nu, est appuyé sur son coude gauche qui le soutient à demi étendu sur un grand coussin. L'index de sa main droite est passé dans l'anse d'une cylix qu'il élève en signe d'acclamation. Autour de sa tête, on lit : ΛΕΑΓΡΟΣ ΚΑΛΟΣ (*Léagre est beau*). Devant sa jambe droite : ΠΑΙΣ (*enfant*).

R. Un éphèbe, à demi couché comme le précédent, est également couronné de pampres, et pince d'une lyre à sept cordes. Autour de sa tête est décrit : ΜΑΜΕΚΑΚΟ. ΕΟ qui n'offre aucun sens. Au-dessus de ses jambes : ΛΕΑΓΡΟΣ ΚΑΛΟΣ (*Léagre est beau*).

Haut., 47 cent.

51 — A trois anses. Peint. j. — Deux éphèbes, couronnés de lierre et à demi couchés sur la terre, s'appuient sur des coussins; celui de droite présente une cylix. Au-dessus du second on lit, en caractères rétrogrades : ΚΑΛΟΣ (*beau*).

Haut., 34 cent.

52 — A trois anses. Peint. n. — Neptune, armé de son trident, et montant sur un char attelé de quatre chevaux ailés, paraît écouter une femme arrêtée près de lui. Sur un second plan est peint Bacchus qui marche en tournant la tête, et sur la droite, en avant des chevaux, se voit Mercure tenant son caducée.

Sous le col du vase est figuré Bacchus assis sur un cube, au milieu de trois Satyres et de trois Ménades qui dansent. — (*Mus. étr.*, 632.)

Haut., 46 cent.

53 — F. 1. Peint. j. — Neptune, debout et enveloppé d'une grande draperie, est appuyé sur son trident. Sa che-

velure, relevée en arrière, est maintenue par une couronne de laurier. Devant lui, une femme coiffée d'un bonnet, enveloppée d'un *péplus,* et portant un petit dauphin de la main droite (Amphitrite?), semble lui adresser la parole.

R. Une femme, vêtue de long, marche en tournant la tête et en tenant un objet de forme sphérique.

Haut., 32 cent.

54 — Amphore. Peint. n. — Neptune, debout, appuyé sur son trident et tenant un petit dauphin, est en regard de Minerve, qui précède Mercure.

R. Thésée tuant le Minotaure. Sur le côté gauche du groupe, une jeune Athénienne, étendant les bras vers son libérateur, précède Minos appuyé sur un sceptre. (Ce vase est incomplet.)

Haut., 12 cent.

55 — F. 2. Peint. j. — Neptune, debout et couronné de laurier, s'appuie de la main droite sur son trident. En regard du dieu, une femme vêtue de long lui présente une *phiale* de la main droite, et tient de la gauche un objet dont la forme est peu reconnaissable. Entre ces figures on lit : ΚΑΛΟΣ (*beau*), ΚΑΛΕ (*belle*).

Haut., 25 cent.

56 — A trois anses. Peint. j. — A la gauche, Mercure (ΗΡΜΕΣ) barbu, tient son caducée à la main. Près de lui est figuré Bacchus (ΔΙΟΝΥΣΟΣ) tenant un canthare et deux branches de lierre. Plus loin, Diona (ΔΙΟΝΑ), couronnée d'algues? tourne son visage vers le précédent; ensuite et en regard l'un de l'autre, sont Neptune (ΠΟΣΕΙΔΟΝ) et Amphitrite tenant un dauphin. Sur le col du vase, un guerrier relevant sa lance; devant cette figure, et dans un sens rétrograde, ΧΑΡΕΣ (*Charès*), près de là et dans le même sens opposé, un guerrier imberbe et monté sur un quadrige (1), est accompagné de cette inscription : ΣΟΣΤΡΑΤΟΣ (*Sostrates*). Sous les chevaux : ΧΑΙΡΕ (*salut*); en avant

du char, un chien qui tourne la tête; plus loin, un archer, derrière lequel on lit : ΧΑΙΡΕΤΟΣ. (rétrograde), est en regard d'un jeune guerrier levant son bouclier sur lequel est peinte une cigogne. Près de ce dernier, ΕΛΟΜΙΔΕΣ.

Haut., 48 cent.

(1) Il n'existe plus du nom de Sostrates que trois lettres bien distinctes, les autres ont été restituées d'après une ancienne copie.

57 — F. 1. Peint. n. — Minerve, assise sur un pliant, tourne la tête vers une autre déesse qui précède Mercure. Devant Minerve est Neptune suivi d'une autre déesse qui n'offre aucun attribut.

R. Sept femmes, portant de longues chevelures et couronnées de lierre, sont vêtues de tuniques et de *péplus* brodés. Toutes s'occupent du filage : les unes tiennent des quenouilles, d'autres examinent le fil tordu, et celle du centre porte un panier destiné à contenir l'ouvrage achevé (1). ΠΕΛΙΕΤΣ (pour Πηλεύς) ΚΑΛΟΣ (*Péliée est beau*).

Haut., 23 cent.

(1) Cette composition peut avoir rapport à la fable des filles de Minias (*Voy.* Ovide, *Métam.*, liv. IV, 1).

58 — A trois anses. Peint. n. — Au-dessous du col, à la gauche, Mercure, assis sur un cube, fait face à Jupiter assis lui-même sur un siége de même forme, et tenant un foudre. Au centre, Minerve, assise sur un pliant, est en regard d'un dieu barbu qui repose sur un cube. A la droite, une femme (Libera?), également assise sur un cube, regarde Bacchus assis comme les autres dieux, et qui tient à la fois un *canthare* et un cep de vigne, dont le feuillage abrite ce dernier groupe. Grand tableau : Un guerrier, accompagné d'un écuyer portant un bouclier sur son dos (1), monte un quadrige et résiste à deux *hoplites* dont l'un paraît déjà hors de combat; derrière le char vole un oiseau de proie. Frise inférieure : Deux sangliers et deux lions affrontés.

Haut., 48 cent.

(1) Sur le bouclier du guerrier est peint un oiseau abaissant son vol.

59 — Amphore. Peint. n. — Minerve, assise et portant une chouette sur la main gauche, s'appuie de la droite sur sa lance; à ses pieds est déposé son bouclier; derrière elle se voit Bacchus barbu et debout, tenant un rameau de vigne.

En regard des deux divinités, Mercure précède une déesse qui repose sur un siége et dirige sa main droite vers sa bouche.

R. Combat de deux *hoplites* sur le corps d'un autre guerrier à demi renversé, mais qui n'a point abandonné ses armes.

Haut., 41 cent.

60 — A trois anses. Peint. n. — Une déesse monte sur un quadrige. Au côté gauche du char, Apollon citharède est en regard d'une femme qui tient une fleur. En face des chevaux se voit une autre femme qui ne présente aucun attribut. Au-dessous du col, un guerrier monté sur un quadrige se trouve assailli par deux *hoplites*.

Haut., 47 cent.

R. Une déesse diadémée et montée sur un quadrige, est précédée de Mercure portant son caducée sur l'épaule gauche. Devant le visage de la déesse vole un oiseau. A la gauche du char, Apollon citharède est accompagné d'un daim qui lève la tête et semble l'écouter.

Ce beau vase est bien conservé.

Haut., 41 cent.

61 — Amphore. Peint. n. — Frise circulaire : Divers personnages montés sur trois quadriges, sont accompagnés de Bacchus, d'Apollon, de Mercure, etc.

Haut., 40 cent.

62 — F. 7. Peint. n. — Persée debout et regardant en arrière, saisit Méduse à la nuque et lui plonge son épée dans le cou. Le fils de Danaë est coiffé d'un très-petit chapeau à bords plats; son vêtement consiste en une casaque

courte, étroite et brodée, recouverte d'une *nébride*; ses pieds sont chaussés de brodequins.

La Gorgone, qui est vue de face, porte quatre ailes dont les deux supérieures sont recoquillées. Quatre serpents s'élançant de sa chevelure, dominent son visage, qui est horrible et se termine du bas par une espèce de barbe courte et bien fournie. Sa chaussure et sa casaque ne diffèrent point de celles de Persée; mais la dernière est recouverte d'une *pardalide* serrée sur la taille par deux serpents noués ensemble, et dont les têtes dressées, semblent faire entendre des sifflements.

Mercure, placé à la droite du champ, porte un chapeau et des bottines semblables à celles de Persée; sa casaque est couverte en dessus d'une draperie à franges. Le dieu tourne également la vue du côté opposé à la Gorgone, et tient un caducée à la main.

En arrière de Persée est tracée verticalement cette inscription : ΑΜΑΣΙΣ ΜΕ ΠΟΙΕΣΕΝ (*Amasis me fit*).

Cette peinture, si curieuse par son sujet, et bien plus encore par la finesse de son exécution, est encore enrichie de détails rehaussés en rouge et en blanc, qui produisent un bel effet (1).

Haut., 21 cent. 7 mill.

(1) On doit regretter que ce vase ait été fracturé, quoique, d'ailleurs, aucun de ses morceaux ne soit perdu.

63 — Forme à trois anses. Peint. n. — Une Gorgone vue de face, portant deux ailes, et à peu près ajustée comme la précédente. A ses côtés sont deux personnages debout et drapés. Au-dessus, deux coqs et un autre oiseau dont la forme est peu reconnaissable.

Haut., cent.

64 — Amphore. Peint. n. — Hercule, debout, étouffe le lion. Les témoins de cet exploit sont Minerve, Mercure et le fidèle Iolas, dépositaire de l'arc et de la massue du héros.

R. Bacchus, debout, la tête tournée, et tenant une branche

de lierre, est placé au milieu de deux Satyres et de deux Ménades qui sautent.

Haut., 43 cent.

65 — Amphore. Peint. n. — Le même sujet. Minerve, la lance en arrêt, couvre le héros de son égide. Iolas, debout près d'un arbre, porte la massue.

R. Thésée tuant le Minotaure. Deux jeunes Athéniennes, placées sur les côtés du groupe, attendent l'issue du combat.

Haut., 40 cent.

66 -- Amphore. Peint. n. — Le même combat en présence de trois personnages qui n'offrent aucun attribut.

R. Un homme barbu et *ithyphallique*, en regard d'un éphèbe dont il touche le menton.

Ce groupe est placé au centre de quatre autres hommes également debout.

Haut., 34 cent.

67 — Amphore. Peint. n. — Le même sujet. Mercure et Minerve, présents à ce combat, applaudissent au courage du héros. Près des figures on lit : ΛΥΘΙ. ΚΑΛΟΣ (*Lytis? est beau*).

R. Le même sujet, traité avec quelques différences. Sur le bouclier de Minerve est peint le *triskèle*.

Haut., 44 cent.

68 — Amphore. Peint n. — Le même sujet. Minerve fait un geste d'admiration; Iolas tient l'épée et la massue. Sur le fond est suspendu le carquois d'Hercule.

R. Minerve combattant deux Pallantides, dont l'un est déjà renversé à terre.

Haut., 43 cent.

69 — A trois anses. Peint. j. — Le même sujet. En arrière d'Hercule est suspendue une petite draperie. Au-dessus du groupe on lit : ΚΑΛΟΣ (*beau*).

Haut., 35 cent.

70 — Amphore. Peint. n. — La même scène, à laquelle assistent Minerve et Iolas.

R. Deux personnages montés sur un quadrige; à la gauche, un vieillard marche appuyé sur un bâton.

Sous le col du vase, deux lutteurs, les bras élevés et prêts à se saisir, sont placés au centre de quatre spectateurs de leur combat.

R. Scène du même genre que la précédente.

Haut., 45 cent.

71 — Amphore. Peint. n. — Le même sujet. Le fond est décoré d'un palmier sur lequel sont implantées des tiges de lierre. A la gauche du champ, un aigle perché au sommet d'un roc regarde le combat.

R. Un homme barbu monte sur un quadrige; vers lui s'avance un *hoplite* suivi d'un vieillard armé d'une lance; près des chevaux est un chien, et en avant de l'attelage se voit un autre guerrier, dont le bouclier porte pour devise une sphère entre deux cercles.

Haut., 53 cent.

72 — Amphore. Peint. n. — Sous le col du vase et entre deux grands yeux, Hercule apportant le sanglier d'Érymanthe à Eurysthée, qui, à demi couché dans un *dolium*, exprime par ses gestes la frayeur extrême qu'il éprouve. Sur les côtés du groupe sont placés Mercure muni de son caducée, et Iolas tenant la massue du héros.

R. Bacchus debout et tenant un *céras*, entre deux Satyres dont l'un danse.

Haut., 50 cent.

73 — Amphore. Peint. n. — Hercule, couvert de la peau du lion et levant sa massue, saisit une Amazone déjà frappée et tombée sur ses genoux, en menaçant une autre guerrière qui accourt pour venger sa compagne (1). En arrière d'Hercule, un *hoplite* de l'armée d'Hercule achève une autre Amazone à demi vaincue. Sur le côté opposé, un autre guerrier quitte le champ de bataille en tournant la tête.

R. Bacchus barbu, tenant un *canthare* et un rameau de vigne, précède deux Silènes qui sautent, et adresse la parole à une femme près de laquelle est adossé un vieux Faune faisant une action obscène.

Haut., 41 cent.

(1) Ces Amazones sont peintes en blanc et armées à la grecque. Celle-ci porte un bouclier orné d'un trépied.

74 — Amphore. Peint. n. — Hercule assaillant deux Amazones armées à la grecque, et dont l'une est à moitié vaincue. Une troisième guerrière armée d'un arc, et placée derrière Hercule, se retire prudemment du combat.

R. Bacchus tenant un *céras* et un cep de vigne, entre deux Ménades qui dansent.

Haut., 42 cent.

75 — Vase à trois anses. Peint. n. — Hercule et Minerve, montés sur un même char, se dirigent vers un groupe représentant un guerrier combattant une Amazone armée à la grecque, et dont le bouclier est entouré d'une branche de lierre. En arrière du quadrige se voit un groupe composé de mêmes personnages, mais où l'Amazone paraît être vaincue.

Sous le col du vase, entre deux yeux, Thésée, couvert de la *pardalide* jetée sur sa tunique et la chevelure relevée en arrière, saisit par une corne le taureau de Marathon. Ce groupe est placé au milieu de deux jeunes femmes et de deux hommes, qui paraissent attendre l'issue de cette lutte Au-dessous de ce tableau est une frise représentant le combat de deux lions contre deux sangliers.

Haut., 43 cent.

76 — Amphore. Peint. n. — Hercule, couvert de la peau du lion, combat le triple Géryon portant des casques ornés de couronnes de laurier, et dont l'un des corps, déjà vaincu, se tourne et semble prêt à tomber à terre, près du cadavre d'Eurytion, vêtu d'une peau à poils courts, et

dont la tête est couverte d'une chevelure qui ressemble à celle des Africains.

R. Bacchus, debout et tenant un *céras*, marche précédé d'une Ménade portant une *nébride* et qui saute. En arrière du dieu se voient une Ménade et un Satyre qui dansent.

Haut., 43 cent.

77 — Amphore. Peint. n. — Hercule, couvert de la peau du lion, combat le triple Géryon, dont l'une des têtes regarde en arrière. Aux pieds des combattants est à demi étendu le berger Eurytion, dont les traits et la chevelure ont quelque chose d'africain (1). Sur les boucliers de Géryon sont peints un trépied et un oiseau.

R. Bacchus tenant un *céras* entre quatre Satyres qui dansent. L'un de ces derniers, vu de face, est d'une laideur repoussante.

Haut., 40 cent.

(1) Cette chevelure courte et laineuse est rendue par une ponctuation gravée.

78 — F. 13. Peint. n. — Hercule, assis sur une roche et coiffé de la peau du lion, porte une épée suspendue à son côté, et ses mains tiennent un arc et sa massue. Son carquois repose au pied de la roche qui lui sert de siége.

Le héros, vainqueur de Géryon, et possesseur de son troupeau, tourne la tête et surveille deux vaches qui allaitent leurs veaux. Sur le second plan s'élève un arbre chargé de fruits, et sur lequel sont perchés sept oiseaux. Sous l'une des anses est un petit quadrupède (une panthère?). Sur le fond : ΣΙΝΕΟ, ΣΗΝΤΙ? — (*Mus. étr.*, 1017.)

Haut., 20 cent.

79 — F. 1. Peint. j. — Hercule et Mars, combattant à coups de lance, sont séparés par Minerve et Mercure (1).

Minerve est debout et casquée. Sa chevelure, bouclée en relief sur le fond, descend en arrière et se termine du bas par une espèce de petit *chignon* serré par des cordons; son cou est orné d'un collier, et ses poignets de bracelets; sa main droite est armée d'une lance qu'elle jette entre les deux champions, et la gauche tient une fleur qui peut être celle du *balaustion;* sur sa poitrine est une égide, contenue en place par deux gros serpents, dont l'un lève la tête en sifflant jusqu'à la hauteur du visage de la déesse, dont le costume se trouve complété par une tunique courte et brodée, ainsi que par une draperie légère qui passe et retombe sur ses avant-bras.

Le guerrier barbu placé en avant de Minerve (Hercule) porte un casque (aulopis) abaissé sur son visage, et dont le double panache repose sur les tronçons supérieurs de deux serpents affrontés. Son bras droit brandit une lance et frappe son adversaire; le gauche supporte un bouclier dont on ne voit que l'intérieur, mais qui, par sa forme échancrée, est peut-être destiné à rappeler l'origine thébaine du héros. Son épée est suspendue à son côté par un double cordon; des palmettes décorent sa cuirasse, recouvrant en partie une tunique courte et brodée; de larges bandes en peau garantissent ses cuisses, et viennent presque s'unir aux cnémides dont ses jambes sont ornées.

Le second assaillant, également barbu (Mars), porte un casque de même forme que le précédent, mais dont le cimier forme la queue d'un quadrupède dont la forme et le pelage ressemblent assez à ceux de l'hyène. Sa cuirasse et ses *cnémides* ne présentent rien qui diffère de celles d'Hercule. Sa main droite, élevée, riposte d'un coup de lance à celui dont il est frappé; son bras gauche soutient un bouclier orbiculaire portant pour devise un scorpion.

Le dernier personnage représenté dans cette composition est Mercure. Le messager des dieux, remplissant une mission pacifique, étend son caducée entre les combattants. Son visage est barbu, et son pétase offre une forme peu ordinaire; sa chevelure, bouclée sur le front, descend par derrière en longues tresses ponctuées de rouge; sa chlamyde, richement brodée, est attachée sur sa poitrine et relevée sur ses bras; et, contre l'usage ordinaire, ses pieds sont sans chaussures.

R. Au centre est figurée une statue d'Apollon citharède, laurée, vêtue de long et posant sur un double socle. Devant elle, une figure debout portant une chevelure longue et ponctuée, tient d'une main la fleur du *balaustion*. Un autre personnage, placé derrière la statue, a la tête voilée, le corps à demi enveloppé d'une draperie, et s'appuie sur un bâton.

Sur la base du piédouche, on lit : ΑΝΔΟΚΙΔΕΣ ΕΠΟΙΕΣΕΝ (*Andocides me fit*).

Ce vase magnifique, et dont les peintures demanderaient une étude particulière, est bien conservé (2). — (*Mus. étr.*, 1381.)

Haut., 56 cent.

(1) Le temps nous ayant manqué pour établir d'une manière plus certaine les sujets figurés sur ce vase, nous déclarons ne tenir que fort peu à ceux que nous indiquons.

(2) La seule et très-légère fracture que nous y ayons observée se trouve à la base d'une anse.

80 — Lécythus. Peint. n. — Mercure, tenant une haste pure, sépare deux combattants. Ce sujet peut être le même que celui figuré sur le vase précédent.

Haut., 33 cent.

81 — Vase à trois anses. Peint. n. — Hercule (ΗΡΑΚΛΕΣ) lutte avec Nérée (ΝΕΡΕΥΣ), transformé en monstre marin. En arrière du groupe, un vieillard à cheveux blancs (Protée?) s'appuie sur un sceptre. Sur le côté opposé, Amphitrite (ΑΜΦΙΤΡΙΤΕ), la teinte ceinte d'une couronne, attend également la fin du combat. Sur le haut du champ, on lit : ΝΙΚΕΣΙΠΟΣ ΚΑΛΟΣ (*Nikésippe est beau*). Au-dessus du tableau précédent, un éphèbe monté sur un quadrige, et tenant une longue baguette, est suivi d'un *hoplite*. En regard des chevaux, un homme, assis sur un pliant, tient une longue baguette; derrière lui, une femme vêtue de long s'entretient avec un guerrier dont le bouclier est orné de trois demi-lunes.

Haut., 50 cent.

82 — A trois anses. Peint. n. — Hercule saisissant le monstre marin. Près du groupe est Protée? debout et appuyé sur un sceptre. Sur le fond sont tracées cinq inscriptions, qui paraissent n'offrir aucun sens. (Voy. *Catalogo*, etc., 1908.)

Au-dessous du col, Hercule étouffant le lion. Sur la droite, Minerve assise paraît encourager le héros; à la gauche, Iolas, à demi agenouillé et tenant la massue, est placé en avant d'un homme enveloppé d'une draperie, et assis sur un pliant.

Haut., 48 cent.

83 — A trois anses. Peint. n. — Au bas du col, Hercule et Nérée transformé en monstre marin. En regard de ce groupe, un vieillard (Protée?) est assis sur un cube, et s'appuie sur un sceptre. Sur la gauche du champ, deux Néréides accourent sur le lieu du combat.

Grand tableau. Un homme barbu et à demi enveloppé d'une draperie conduit un bige. En arrière sont deux hommes précédés d'un chien, et dont l'un tient les guides d'un cheval pommelé marchant à côté d'un personnage barbu. En regard du bige sont figurés deux hommes, dont l'un tient l'extrémité d'une guide, et dont l'autre est en partie détruit.

Haut., 47 cent.

84 — Amphore. Peint. n. — Hercule saisissant le monstre marin. Derrière le groupe, une femme fuit en tournant la tête.

R. Un vieillard, vêtu de long et appuyé sur un sceptre (Protée?), adresse la parole à deux Nymphes marines qui tiennent des petits dauphins.

Haut., 40 cent.

85 — F. 1. Peint. j. — Hercule, courbé et levant sa massue, appuie sa main gauche sur la tête de Busiris, à demi couvert d'une draperie et renversé devant l'autel sur lequel le héros devait être sacrifié. Derrière l'autel est un

joueur de lyre (barbyton). Sur la gauche, un autre lyricine tient un *pedum*, et s'enfuit en tournant la tête; sur la droite, un autre personnage, tournant également la tête, est muni d'un *pedum* et se hâte de quitter ce lieu. Sur le fond : ΚΑΛΟΣ (*beau*) est répété deux fois.

Quoique le sujet que nous venons d'indiquer ne soit déterminé par aucune inscription contenant le nom des personnages, ni par aucun détail qui rappelle l'Égypte, ou du moins une contrée étrangère à la Grèce, nous pensons qu'il ne peut guère recevoir une autre explication. — (*Mus. étr.*, 538.)

Haut., 30 cent.

86 — A trois anses. Peint. n. — Sous le col du vase, Minerve, debout, regarde Hercule qui se dirige vers elle en traînant à sa suite Cerbère *bicéphale*, attaché à une chaîne, et que le héros menace de sa massue. En arrière est Mercure, qui accompagnait Hercule lorsqu'il fit sa descente aux enfers. La marche est fermée par un homme barbu appuyé sur un sceptre, et précédant une femme enveloppée d'un *péplus*. Ces derniers personnages sont peut-être Proserpine et Pluton, dont la présence ne serait pas déplacée dans ce sujet.

R. Grand tableau : deux guerriers, dont l'un a la tête nue, sont montés sur un quadrige précédé d'un *hoplite* tenant deux lances.

Frise inférieure : un lion entre deux sangliers.

Haut., 46 cent.

87 — Amphore. Peint. n. — Hercule, cuirassé et la massue sur le dos, s'entretient avec Mercure, et précède une femme (Alceste?) voilée qui tient une couronne à la main.

R. Une femme, vêtue de long et tenant une baguette, est assise sur un siége très-bas, élevé en l'air et en équilibre par un petit personnage qui le soutient sur un pied.

Haut., 12 cent.

88 — Amphore. Peint. n. — Apollon, vêtu d'une tunique courte et de la *pardalide*, porte son carquois suspendu à ses épaules, et poursuit Hercule, ravisseur de son trépied. Ce dernier, l'épée au côté et levant sa massue, menace le dieu qui a refusé de lui rendre un oracle.

R. Bacchus est à demi couché à terre; sa main droite élève un *canthare* que Silène s'apprête à remplir. Le fond représente une vigne dont le feuillage abrite le dieu.

Haut., 30 cent.

89 — Amphore. Peint. n. — Hercule monté sur un quadrige guidé par Minerve.

R. Combat de deux *hoplites* sur le corps d'un autre guerrier dépouillé de ses armes et gisant étendu à leurs pieds. Sur le seul bouclier dont l'extérieur soit visible sont figurés deux lions.

Haut., 33 cent.

90 — A trois anses. Peint. j. — Hercule, assis sur un siége sans dossier, est couronné de myrte, et ses genoux sont couverts d'une draperie. Le héros appuie sa main gauche sur sa massue, et sa droite présente une *phiale* que Minerve a déjà remplie (1).

La déesse, debout en regard d'Hercule, est armée d'un casque (cranos). Sa main gauche soulève un pan de sa tunique, et sa droite tient une aiguière. Derrière elle sont déposés sa lance ainsi que son bouclier, sur lequel est figuré une tête de taureau.

Haut., 41 cent.

(1) Ainsi qu'on peut le voir par le liquide qui tombe de la *phiale*.

91 — Lécythus. Peint. n. — Hercule debout, couvert de la peau du lion, et armé de son carquois et de sa massue, est présenté par Minerve à l'assemblée des dieux. Derrière le héros se voient une déesse assise sur un pliant et Neptune assis sur un cube; du côté opposé est Bacchus tenant un thyrse et reposant aussi sur un cube. Sur le bouclier de Minerve est peinte une chouette.

Haut., 19 cent.

92 — Amphore. Peint. n. — Hercule, à demi couché sur un lit de repas et la partie inférieure du corps couverte d'une draperie, tient une *phiale* de la main droite, et se tourne vers Mercure, qui regarde en arrière pour l'écouter. En avant du lit, contre lequel est appuyée la redoutable massue, se voit une petite table couverte de deux pains; sur la paroi du mur sont suspendus la peau du lion, le carquois et l'épée du héros.

A la gauche du champ, Minerve, debout, tient sa lance de la main droite, et porte une chouette de la main gauche; son bouclier, posé à terre, est appuyé contre elle.

R. Vulcain, barbu et couronné de lierre, est monté sur un mulet, et porte sur l'épaule gauche une hache à deux tranchants. Le dieu est précédé de deux Silènes qui sautent, et dont l'un est muni d'un *céras* et d'une outre.

Haut., 47 cent.

93 — Amphore. Peint. n. — Thésée, l'épée à la main, tue le Minotaure déjà tombé sur un genou, et qui tient une pierre à la main. Deux éphèbes et deux jeunes filles d'Athènes sont les témoins de ce combat.

R. Un homme vêtu de long, la tête laurée, et tenant une baguette à la main, est monté sur un quadrige vu de face.

Haut., 42 cent.

94 — Amphore. Peint. n. — Thésée, perçant le Minotaure tombé sur un genou et tenant des pierres dans ses mains. En avant, une jeune Athénienne précédant un éphèbe, avance la main droite et touche le front de son libérateur. En arrière, sont une jeune fille et un éphèbe tenant une couronne. Entre les figures se voient les restes de quatre inscriptions en partie effacées.

R. Bacchus, debout, tenant un *céras* et une branche de lierre, est placé au milieu de quatre Satyres danseurs.

Haut., 42 cent.

95 — Amphore. Peint. n. — Thésée, la chevelure re-

levée en arrière et retenue par un bandeau, arrête par une corne le taureau de Crète. Minerve, présente à ce combat, étend son égide vers le héros.

R. Hercule, tenant son arc et sa massue, combat deux guerriers dont l'un s'éloigne en tournant la tête.

Haut., 43 cent.

96 — A trois anses. Peint. n. — Thésée, accompagné d'un aurige et monté sur un char lancé à la course, enlève Antiope. Celle-ci, la tête voilée, se tourne en étendant les bras, et paraît invoquer la protection de deux guerriers armés de lances, et qui accourent avec une grande rapidité. Sur le fond, on lit : ANTIOΠΕΙΑ (*Antiope*), ΘΕΣΕΤΣ (*Thésée*), devant les chevaux. ΕΠΙΟΟ. ?

R. Hercule, étreignant le vieux Nérée transformé en monstre marin. Près de ce groupe, se voit Protée appuyé sur un sceptre, et en arrière, une Néréide qui fait un geste d'effroi.

Haut., 47 cent.

97 — F. 7. Peint. n. — Deux Amazones, montées à cheval et armées à la grecque, tiennent chacune deux lances, et se dirigent vers la droite. Sous chacun des chevaux est un chien portant un collier.

Sur diverses parties du champ, sont dispersées les inscriptions suivantes :

ΝΟΕ-ΟΚΤΣ-ΕΤΟΤΜΕ-ΤΙΑΕΝΑΗΕΟΣ-ΚΑΛΕ (*belle*).

On connaît trop généralement l'opinion si singulièrement émise sur les trois premiers groupes de lettres que nous venons de reproduire, pour qu'il paraisse utile de la rappeler dans cette notice (1).

Haut., 25 cent.

(1) *Mus. étr.*, p. 159, n° 1755. — Gerhard, *Rapp. volc.*, p. 181, n° 730**.

98 — Amphore. Peint. n. — Cénéus, les jambes à demi enfoncées en terre, se couvre de son bouclier, et veut encore se défendre contre deux Centaures qui l'assaillent à la fois, l'un avec une branche d'arbre, et l'autre avec un

quartier de roche. Le bouclier du héros porte pour devise un trépied. Une grosse pierre ainsi qu'une branche, sont jetés sur le terrain.

R. Deux autres Centaures accourent se joindre aux ennemis de Cénéus. Leurs armes sont du même genre que celles de leurs compagnons.

Haut., 41 cent.

99 — A trois anses. Peint. n. — Sous le col, Pélée enlève Thétis au milieu de quatre Néréides qui s'éloignent en donnant des signes de frayeur.

Grand tableau. Un guerrier montant sur un quadrige adresse la parole à un hoplite suivi d'un autre homme également armé. En regard des chevaux sont deux autres guerriers, l'un tenant un petit linge, et l'autre portant un bouclier orné d'une tige de lierre. Sur le fond sont suspendues une cuirasse et des cnémides. Sous le pied du vase, entre trois marques de fabrique, est tracée en noir ΛΗΚΤ-ΚΕ-ΛΗ.

Haut., 46 cent.

100 — F. 2. Peint. n. — Pélée, barbu et l'épée au côté, enlève Thétis. Près de celle-ci, est une Nymphe qui fuit et paraît saisie d'épouvante.

Haut., 21 cent.

101 — A trois anses. Peint. j. — Pélée, vêtu d'une tunique ornée d'étoiles, et l'épée suspendue au côté, enlève Thétis, près d'une Néréide effrayée.

Haut., 40 cent.

102 — F. 3. Peint. j. Fabrique étrusque? — Pélée (ΠΕΛΕ), portant une draperie jetée sur les épaules, la tête ceinte d'une bandelette, et le pétase sur le dos, porte sur ses mains Achille enfant, enveloppé dans un maillot.

R. Chiron (ΧΙΡΟΝ) tient Achille (ΑΤΙΛΕ) qu'il élève à la hauteur de son visage. Sur l'anse du vase : ΑΡΝΘΕ (*rétrograde*). — *Mus. étr.*, 1500. — *Rapp. volc.*, 677.

Haut., 25 cent.

103 — Amphore. Peint. n. — Minerve, debout, couverte de l'égide et armée d'une lance, est placée debout devant un jeune homme enveloppé d'une draperie, assis sur une roche et appuyé sur un bâton noueux. Minerve, tourne la tête vers une autre déesse vêtue de long, et appuyée sur un sceptre surmonté d'une fleur.

R. Mercure, tenant son caducée, marche entre deux déesses vêtues de long, tenant des sceptres, et se dirigeant à la suite de celles figurées sur l'autre partie du vase.

Haut., 40 cent.

104 — A trois anses. Peint. j. — Au-dessous du col, Minerve, debout, est précédée d'un guerrier (*Achille?*), qui s'élance à la suite d'un éphèbe nu, montant un cheval lancé à la course, et conduisant de front un autre cheval sans cavalier. En avant de ces personnages, est une femme en fuite et qui paraît effrayée.

Ce sujet, répété avec quelques variantes (1), représente, selon M. Lenormant (2) Hémithéa, sœur de Tenès, poursuivie par Achille après la prise de Ténédos.

Haut., 45 cent.

(1) La plus remarquable de toutes est celle où la femme qui fuit se voit remplacée par une figure d'homme. (Voy. *Annali del Inst. arch.*, t. VII, pl. B, n° 2. — Otto Jahn, *Telephos und Troilos*, pl. IV.

(2) *Cat. Durand*, n° 65.

105 — Amphore. Peint. n. — Hector, montant sur un quadrige sur lequel se trouve déjà son écuyer, reçoit les adieux de Priam et d'Andromaque qui lui présente le jeune Astyanax. En avant des chevaux est une femme qui les flatte de la main. Près de cette dernière, un chien qui les regarde en jappant.

R. Bacchus, debout, tenant un *canthare* et une branche de lierre, adresse la parole à une femme qui précède un Satyre qui saute. Derrière le dieu est un autre Satyre faisant des gestes mimiques.

Haut., 46 cent.

106 — Amphore. Peint. n. — Énée, portant son père

Anchise, donne la main au jeune Ascagne. Ce groupe, suivi par Créüse, qui marche en tournant la tête, est précédé d'une autre femme qui tourne également la tête, et semble guider la famille fugitive.

R. Apollon citharède, accompagné d'une biche, est en regard de deux femmes profilées l'une sur l'autre, et suivi de deux autres femmes placées comme les précédentes.

Haut., 45 cent.

107 — Amphore. Peint. n. — Énée, portant Anchise, est accompagné d'Astyanax et de Créüse.

R. Un vieillard, coiffé d'une mitre phrygienne (*Priam?*), s'entretient avec deux guerriers, dont l'un porte un bouclier orné d'une ancre. En arrière du roi sont deux autres guerriers, tournés dans un sens opposé au sien. Chaque de ces groupes est accompagné d'un chien qui semble pousser des hurlements.

Haut., 41 cent.

108 — Lécythus. Peint. n. — Un homme barbu et vêtu de long, porte un bouclier sur son dos et monte sur un quadrige. Minerve, marchant à sa gauche, semble lui indiquer la route qu'il doit suivre. Sous les jambes des chevaux est un casque tombé à terre. — Inscriptions peu lisibles.

Haut., 23 cent.

109 — Amphore. Peint. j. — Un jeune guerrier monte sur un quadrige, et paraît écouter un autre guerrier arrêté à la gauche de son char, et qui semble lui parler avec animation. Ce dernier, qui est barbu, porte un serpent sur le cimier de son casque, et son bras est armé d'un bouclier orné d'un sphinx. En regard des chevaux, un personnage de très-petite proportion, la tête ceinte d'une couronne de laurier, et le corps à demi couvert d'une draperie, élève la main droite au-dessus de la tête du dernier cheval de l'attelage.

Devant la tête du jeune guerrier, on lit : Δ. ΜΑΣ (*Damas?*). Sur le reste du champ : ΧΑΙΡΕΣΤΡΑΤΟΣ ΚΑΛΟΣ

(*Chærestrate est beau*). — Ce vase est d'une très-belle fabrique.

R. Une femme laurée et enveloppée d'un *péplus* qui retombe derrière sa tête, élève et présente une couronne à un éphèbe couronné d'algues. Ce dernier, enveloppé d'une draperie, a la main droite appuyée sur un *pedum*. Entre ces deux figures : ΧΑΙΡΕΤΙ.? Derrière la femme déjà décrite, un homme barbu, couronné d'algues, et en partie couvert d'une draperie, appuie son bras gauche sur un bâton noueux. Devant son visage : ΣΟΡΕΜΟΣ? (*rétrograde*).

Haut., 60 cent.

110 — Amphore. Peint. n. — Un guerrier, accompagné de son écuyer, monte un quadrige passant sur le corps d'un *hoplite* renversé à terre.

R. Combat de deux chevaux dressés l'un contre l'autre au-dessus d'un daim.

Haut., 30 cent.

111 — A trois anses. Peint. n. — Grand tableau. Deux *hoplites* s'attaquent à coups de lance. Derrière chacun d'eux est un cavalier.

Au-dessous du goulot, huit hommes, en partie nus et dansants. Chacune de ces peintures est accompagnée d'inscriptions composées de lettres mal formées.

Haut., 33 cent.

112 — F. 1. Peint. n. — Un personnage barbu et vêtu de long, séparant deux guerriers qui combattent à coups de lance. L'un de ces derniers porte un bouclier béotien, à fond écaillé, et dont le centre est orné du *Gorgonium*. Le bouclier du second, de forme orbiculaire, est orné d'un trépied.

R. Hercule délivrant Déjanire enlevée par Nessus, frappe le Centaure avec sa massue. Devant ce dernier est un homme qui fuit.

Haut., 25 cent.

113 — Amphore. Peint. n. — Un homme nu et barbu,

lève sa jambe gauche couverte d'une *cnémide*, et montre l'autre partie de cette armure à un personnage qui lui présente un objet ponctué et de petite proportion. Au pied du premier, sont déposés à terre son casque, sa cuirasse et son bouclier.

Derrière ce guerrier qui revêt son armure, est une déesse debout, appuyée sur un sceptre, et tenant élevé avec sa main gauche un objet qui offre quelque ressemblance avec une grenade. Sur le côté opposé du tableau se voit un homme barbu, appuyé sur un sceptre et tenant une couronne.

R. Un guerrier, marchant avec rapidité, tourne la tête vers une déesse debout, appuyée sur un sceptre, et s'avance vers un homme barbu, armé d'une lance, et levant le bras droit. La scène se termine par une autre figure d'homme, représenté nu, dirigeant ses pas dans un sens opposé à celui qui le précède et vers lequel il tourne la tête. Le bouclier du guerrier est décoré d'un serpent en relief, et qui paraît faire entendre des sifflements.

Haut., 46 cent.

114 — A trois anses. Peint. j. — Grand tableau. Un héros, accompagné de son écuyer, monte un quadrige suivi d'un archer, et s'avance vers un guerrier debout près d'un autre déjà renversé.

R. Frise supérieure. Combat de trois *hoplites*. Sur le bouclier de l'un d'eux sont deux serpents affrontés. Aux extrémités du tableau surviennent deux nouveaux guerriers qui viennent prendre part à l'action. — Frise inférieure. Deux sangliers et deux lions.

Haut., 43 cent.

115 — A trois anses. Peint. n. — Tableau supérieur. Deux groupes de combattants. Sur la droite, un guerrier qui n'a point d'adversaire quitte le champ de bataille.

Grand tableau. Un homme barbu et vêtu de long conduit un quadrige. Sur le second plan, et à la gauche du char, sont un guerrier, un archer et deux femmes, dont la première se trouve près de la tête des chevaux.

Haut., 50 cent.

116 — Amphore. Peint. n. — Un *hoplite* tient tête à deux adversaires, dont l'un, à demi vaincu, est tombé sur un genou. Sur les boucliers des alliés sont peints l'arrière d'un cheval et deux anneaux aux côtés d'un disque.

R. Le même sujet. Sur le bouclier de l'allié qui résiste est un serpent ; sur celui du guerrier qui combat seul est une tête de taureau.

Haut., 42 cent.

117 — Canthare. Peint. j. — Un homme imberbe, vêtu de long et sans armes, monte un quadrige et fait face à un guerrier qui, couvert d'un bouclier béotien, lui lance un javelot. Sur le bouclier de ce dernier est peint un coq.

R. Un jeune homme vêtu de long, le dos chargé d'un bouclier, et monté sur un quadrige, est également attaqué par un guerrier tenant sa lance en arrêt, et dont le bouclier, de forme ronde, porte pour devise l'arrière d'un cheval. ΛΗΜΟΕ (rétrograde).

Haut., 11 cent.

118 — Tasse à une anse. Peint. n. — Combat de cinq guerriers grecs et barbares, près d'eux on lit : ΣΜΙΚΥΤΟΣ (*Smikithus*), ΣΚΥΘΕΣ (*le Scythe*), ΦΙΛΟΝ ΚΑΛΟΣ (*Philon est beau*).

Haut., 8 cent.

119 — Même forme. Peint. n. — Deux cavaliers armés de lances combattent sur le corps d'un archer tombé à terre. Sur le fond : ΛΕΝΣ, ΚΟ ΚΟΝ, ΚΟΝΧΕΣΙΛΕΣ?

Haut., 19 cent.

120 — Même forme. Peint. n. — Entre deux grands yeux, un guerrier se retourne en lançant un javelot. Sur son bouclier, un trépied. Près des ansees, deux lions.

Haut., 8 cent.

121 — Lécythus. Peint. n. — Combat de cinq guerriers. Celui placé au centre de la mêlée et qui est tombé sur un genou, porte un bouclier dont la devise est un serpent. Sur

les autres boucliers sont peints : une feuille de platane, un croissant et une tête de taureau.

Haut., 30 cent.

122 — Tasse à une anse. Peint. j. — Combat de cinq *hoplites* et deux cavaliers (*amazones?*), dont l'un porte un bouclier de forme lunaire.

Haut., 9 cent.

123 — F. 3. Peint. j. — Fabrique étrusque. Un guerrier armé d'un casque orné d'un panache et de deux plumes latérales, marche avec rapidité, la lance en avant, et couvert de son bouclier. Près de lui : ΑΝΔΡΟΜΑ.

R. Un guerrier relevant son bouclier qui est à terre.

Haut., 23 cent.

124 — A trois anses. Peint. j. — Une armure ainsi disposée : sur un bouclier béotien couché à terre est placé un beau casque (*aulopis*) en partie couvert d'écailles, surmonté de trois panaches, et dont les *géniastères* sont ornées d'un lion. Près du bouclier, une cuirasse couverte d'écailles, et une épée contenue dans son fourreau ; le tout posant sur une bordure de méandres et d'échiquiers.

Haut., 27 cent.

125 — F. 3. Peint j. — Fabrique étrusque. Un génie ailé et lauré s'incline et dirige ses mains vers un objet déposé à terre, et dont la forme ressemble assez bien au fronton d'un monument funéraire. Devant la figure : ΟΤΟΣ.

R. Un génie ? assis et tenant un caducée. En arrière de cette figure était tracée une inscription, dont il ne reste que les lettres suivantes : K....ANA. — Le goulot de ce vase est détruit.

Haut., 20 cent.

126 — A trois anses. Peint. n. — Sept vierges *hydrophores* sont assemblées près d'une fontaine ornée d'une colonne, et dont la bouche est fermée par un mufle de lion, d'où l'eau s'échappe et coule dans un vase posé à terre.

Sous le col, Hercule combattant le lion néméen en présence de deux hommes à demi accroupis et placés sur les côtés du champ; au-dessous de ces sujets se voient deux lions, un sanglier et un daim.

Haut., 35 cent.

127 — F. 13. Peint. j. — Aux côtés d'un autel allumé sont trois hommes couronnés de laurier. L'un d'eux, nu, petit, et vu de dos, présente au feu trois broches chargées de viandes; le second, de taille plus élevée et à demi enveloppé d'une draperie, épanche une *phiale* sur l'autel; le dernier de ces personnages (celui peut-être qui offre le sacrifice) regarde la cérémonie en s'appuyant sur un bâton. Au-dessus des figures on lit cette inscription en lettres très-fines : ...ΑΝΑΟΣ ΚΑΛΟΣ.

Haut., 20 cent.

128 — F. 10. Peint. n. — Trois personnages, vêtus de long, se dirigent vers deux *Hermès* barbus, dont l'un est vu de face. Entre les *Hermès* sont deux rameaux croisés.

Haut., 23 cent.

129 — F. 1. Peint. j. — Fabrique étrusque. Un personnage imberbe, la tête ceinte d'une bandelette et enveloppée d'une draperie, présente un rameau. Sur son vêtement sont peintes les deux lettres suivantes : ΦΕ (rétrograde). Sur le champ, inscription effacée.

R. Le même sujet, mais sans traces d'inscription.

Haut., 21 cent.

130 — Amphore. Peint. j. — Un homme debout, lauré et barbu, est en partie enveloppé d'une grande draperie, et tourne la tête en arrière. Sa main droite s'appuie sur un bâton; la gauche, portée en avant, tient trois rameaux réunis, auxquels est suspendue une tablette de forme carrée.

R. Un homme debout, vêtu et couronné comme le précédent, tient également des rameaux auxquels est suspendue une bandelette, et touche de l'autre main un rameau placé près de lui.

Haut., 43 cent.

131 — F. 3. Peint. j. — Deux femmes en regard tiennent des extrémités de rameaux.

R. Une femme tenant un rameau.

Haut., 21 cent.

132 — Amphore. Peint. n. — Deux mariés sont montés sur un quadrige. A côté du char marche Apollon citharède, vers lequel se tourne Mercure tenant son caducée. Une femme drapée se tient debout devant la tête des chevaux.

R. Un homme barbu et vêtu de long veut séparer deux guerriers qui s'attaquent à coups de lances. Sur chaque côté de ce tableau est une femme debout, et qui semble vouloir essuyer ses larmes avec son voile. L'un des boucliers porte pour devise la partie antérieure d'une panthère.

Haut., 30 cent.

133 — Amphore. Peint. n. — Une femme montant sur un quadrige. A la gauche du char, Apollon citharède est en regard d'une déesse qui ne présente aucun attribut. Mercure paraît conduire la marche.

R. Bacchus, tenant un *céras* et suivi d'un Silène *ithyphallique*, est en regard d'une femme qui tient un vase (F. 2). Sur le côté opposé, un autre Silène *ithyphallique* marche en retournant la tête.

Haut., 60 cent.

134 — Amphore. Peint. n. — Un homme barbu et à demi enveloppé d'une draperie, monte sur un quadrige où est déjà placée une mariée couverte d'un voile. A la gauche du char, Apollon citharède est en regard de Mercure. Une femme, dont la tête est ornée d'une *stéphané*, se tient debout à la tête des chevaux.

R. Bacchus tenant un *céras*, debout entre deux Ménades et deux Silènes qui s'avancent en dansant.

Haut., 57 cent.

135 — Lécythus. Peint. n. — Une déesse montant sur un quadrige. A sa gauche, Apollon citharède et Bacchus. En regard des chevaux est une femme assise.

Haut., 20 cent.

136 — F. 2. Peint. n. — Deux pugilateurs. Les côtés du champ sont occupés par deux *pédotribes* (inspecteurs des jeux gymniques).

Haut., 21 cent.

137 — Canthare à une anse. Peint. n. — Cette peinture représente quatre coureurs du *stade*, dont l'un atteint la *meta*. Plus loin sont des pugilateurs, un discobole, un joueur de double flûte, et le *pédotribe* tenant une longue baguette. L'attache intérieure de l'anse est décorée d'un mufle de lion modelé en relief, et non émaillée.

Haut., 19 cent.

138 — Amphore. Peint. n. — Vase de prix. Minerve, vêtue d'une tunique talaire, est armée d'un casque, d'une égide bordée de serpents, et d'un bouclier orbiculaire décoré d'un Pégase volant. La déesse est placée entre deux colonnes doriques surmontées d'un coq, et vibre sa lance. Le long de la colonne, à gauche, on lit : ΤΟΝ ΑΘΕΝΕΘΕΝ ΑΘΛΟΝ (*le prix donné à Athènes*).

R. Trois concurrents à la course, armés, s'élancent dans le stade. Près de celui qui devance les autres est un objet qui peut être un panier. Sur les boucliers de ces personnages sont figurés des coureurs armés.

Haut., 62 cent.

139 — Amphore. Peint. n. — Le même sujet et la même inscription. L'emblème du bouclier de la déesse représente la caisse d'un char.

R. Un homme barbu et vêtu de long monte un quadrige et se hâte de parcourir l'*hippodrome*.

Haut., 61 cent.

140 — Amphore. Peint. n. — Le même sujet accom-

pagné de la même inscription. Sur le bouclier de Minerve, une ancre. Près de l'un des coqs sont gravés un *koph* suivi d'un B.

R. Deux groupes de lutteurs et deux *pédotribes*, dont l'un paraît vouloir modérer l'ardeur des combattants.

Ce vase a été publié. — Voy. *Mon. inéd. de l'Inst. archéolog.*, I, pl. XXII, n°s 5 *a* et 5 *b*. — (*Mus. étr.*, n° 1766.)

Haut., 58 cent.

141 — Amphore. Peint. n. — Le même sujet avec la même inscription. Sur le bouclier, un dragon.

R. Deux Éphèbes à cheval et tenant des fouets parcourent rapidement l'hippodrome.

Ce vase a été publié. — Voy. *Mon. inéd.*, etc., pl. XXII, n°s 3 *a* et 3 *b*. — (*Mus. étr.*, n° 1202.)

Haut., 65 cent.

142 — Amphore. Peint. n. — Le même sujet et la même inscription. Sur le bouclier de Minerve, une chouette perchée sur un entrelacs.

R. Quatre concurrents se disputent le prix de la course armée. Sur leurs boucliers, trois globules, le devant d'un lion, une feuille de vigne, etc. Les blancs de ce vase ont été repeints.

Haut., 63 cent.

143 — Amphore. Peint. n. — Le même sujet, inscription semblable aux précédentes. Sur le bouclier, un Pégase.

R. Un homme barbu montant un quadrige et courant dans l'hippodrome.

Haut., 43 cent.

144 — Amphore. Peint. n. — Le même sujet, sans l'inscription. Sur les boucliers, une espèce de *canthare* de forme assez extraordinaire.

R. Le même sujet. Petite frise inférieure, lions et sangliers.

Haut., 42 cent.

145 — Amphore. Peint. n. — Le même sujet, sans l'inscription ordinaire. Sur le bouclier de Minerve est peint le devant d'un Pégase.

R. Un homme barbu, monté sur un quadrige lancé à la course. Au-dessus de l'écuyer; E.......ΛΑ : près des chevaux : ΝΙΚΟΝ ΚΑΛΟΣ (*Nicon est beau*).

Haut., 51 cent.

146 — F. 3. Peint. j. — Un homme barbu, couronné de feuillages et vêtu de long (*un poëte?*), est debout et chante en s'accompagnant de la lyre. Devant lui, un jeune homme assis sur un pliant, et appuyé sur un *pedum*, paraît l'écouter avec une extrême attention. Près de celui-ci est placé un autre auditeur barbu et enveloppé dans son manteau. En arrière du poëte, un homme barbu, assis sur un tabouret et appuyé sur un *tau*, précède un jeune homme debout, recouvert d'une draperie et tenant un bâton. Ces quatre personnages, dont trois portent des couronnes de feuilles, paraissent écouter avec une égale attention le chant et les paroles du nourrisson des Muses. Près de la dernière figure; ΚΑΛΟΣ (*beau*).

R. Bacchus, portant un cep de vigne sur l'épaule gauche, tient un *canthare* de la main droite, en tournant la tête vers un Silène qui lui verse à boire. Ce dernier, à demi couvert d'une *pardalide*, tient une outre. La marche est ouverte par un Silène *ithyphallique* et jouant de la double flûte.

Haut., 48 cent.

147 — F. 13. Peint. j. — Une lyricine, vêtue de long et coiffée d'un bonnet.

Haut., 22 cent.

148 — F. 13. Peint. j. — Un jeune lyricine, couronné de pampres et suivi d'un chien. Devant lui est un très-jeune garçon, couronné de vigne et appuyé sur un bâton.

Haut., 21 cent.

149 — F. 1. Peint. j. — Une femme vêtue de long s'a-

vance en étendant les bras vers un jeune voyageur vêtu de la chlamyde, le chapeau jeté derrière les épaules et la main droite appuyée sur deux lances.

R. Un éphèbe, presque entièrement enveloppé de son manteau, se courbe en appuyant le poids de son corps sur un bâton.

Haut., 33 cent.

150 — F. 3. Peint. j. — Un jeune homme nu, la tête ceinte d'un bandeau et l'épée suspendue à son côté, tient un casque (*aulopis*) sur sa main gauche, et présente une *phiale* de la main droite. A ses pieds est déposé un bouclier. Devant lui est une femme tenant un vase (F. 2) et s'appuyant sur une lance retournée.

R. Un jeune voyageur couvert de la chlamyde, le chapeau jeté en arrière des épaules, appuie sa main droite sur deux lances. Devant lui est une femme debout et en partie enveloppée d'un *péplus* qui recouvre sa tunique.

Haut., 41 cent.

151 — F. 14. Peint. n. — Sur le pourtour du col, composition de huit figures, dont l'une, qui est répétée, semble faire des adieux.

Frise circulaire sur la panse du vase, seize figures qui paraissent assister aussi à une scène d'adieux.

Haut., 42 cent.

152 — F. 1. Peint. j. — Mercure barbu, couvert de la chlamyde et le pétase jeté sur le dos, est chaussé de bottines ailées; le dieu, tenant son caducée de la main gauche, donne la droite à un jeune guerrier debout devant lui; à la suite de ce dernier est une femme également debout, et qui paraît prêter beaucoup d'attention à l'entretien des personnages précédents.

R. Un homme barbu, appuyé sur un bâton et placé entre deux femmes qui lui adressent la parole.

Haut., 50 cent.

153 — F. 2. Peint. n. — Au milieu du champ est un

fourneau de forme conique près d'une enclume, et rempli d'une masse de charbons allumés (1). A la gauche, près de la bouche du fourneau, un forgeron barbu, assis sur un tabouret très-bas, et muni d'une tenaille, présente une pièce de métal à l'ardeur du feu. Au-dessus de cet homme sont accrochés au mur une autre tenaille et un marteau. Sur le côté opposé, un autre ouvrier, dont le corps est nu et la barbe courte, est debout et appuyé sur un gros marteau. Derrière lui, à terre, est déposé un instrument semblable, et sur la paroi du mur qui l'avoisine sont suspendus une tenaille et un marteau.

Le fond présente trois inscriptions en caractères grecs mal formés et dont il paraît difficile de tirer aucun sens.

Haut., 23 cent.

(1) Derrière le fourneau est un objet qui peut être l'outre servant de soufflet.

154 — A trois anses. Peint. n. — Un homme barbu et coiffé d'un très-petit pétase à bords plats, monte un quadrige et s'entretient avec un guerrier dont le bouclier porte pour devise trois globules; en avant des chevaux est un chien qui tourne la tête du côté opposé.

Haut., 41 cent.

155 — Amphore. Peint. n. — Un cavalier barbu, et la tête couverte d'un très-petit pétase, est armé de deux lances, et suivi d'un *hoplite* et d'un chien. Devant lui se voit une femme enveloppée d'un *péplus*. Sur le bouclier de l'*hoplite* est figuré le devant d'un cheval.

R. Une femme voilée s'entretient avec un guerrier accompagné d'un archer et d'un chien; en arrière de la femme, un autre guerrier qui s'éloigne en tournant la tête et également suivi d'un chien. Les devises des boucliers sont un vase à deux anses et un chien qui regarde en arrière.

Haut., 40 cent.

156 — Lécythus. Peint. n. — Un cavalier entre deux hommes barbus, assis sur des pliants et tenant des *hastes*.

Haut., 17 cent.

157 — Lécythus. Peint. n. — Un homme barbu, assis sur un pliant et appuyé sur deux *hastes*, est placé au milieu de quatre autres personnages qui tiennent également des *hastes*.

Haut., 23 cent.

158 — Amphore. Peint. j. — Un éphèbe debout et à moitié enveloppé d'une draperie, porte sur l'épaule gauche une espèce de grande sébile? et tient de la main droite trois petits rameaux.

R. Un éphèbe couronné de myrte, tenant deux rameaux.

Haut., 41 cent.

159 — F. 13. Peint. j. — Un jeune homme nu et les mains appuyées sur ses genoux, porte sur ses épaules un enfant qui tend les bras à un autre éphèbe qui lui montre un petit vase. — Cette peinture a été restaurée.

Haut., 10 cent.

160 — F. 7. Peint. j. — Un éphèbe, tenant une aiguière, va puiser dans un grand vase déposé à terre. ΠΑΙΣ ΚΑΛΟΣ (*bel enfant*).

R. Un éphèbe, tenant une tasse, s'appuie sur un bâton. Derrière lui une lyre. ΗΟ ΠΑΙΣ ΚΑΛΟΣ (*l'enfant est beau*).

Haut., 8 cent. 5 mill.

161 — F. 8. Peint. n. — En regard d'un petit édifice de forme carrée, près duquel s'élèvent deux arbustes dépouillés de leur feuillage (1), s'avance un char funèbre tiré par deux mulets, près desquels deux femmes échevelées donnent les signes d'une grande affliction. Le char est divisé en deux parties, dont l'une, dominant l'autre, soutient le cadavre d'un homme barbu, couché à plat sur le dos (la tête un peu relevée), et soigneusement enveloppé d'un linceul. Sur le côté gauche, une femme qui marche, et dont la tête est rapprochée de celle du mort, paraît éprouver une vive douleur, également partagée par deux autres femmes assises sur l'étage inférieur du char.

A la suite du mort et des femmes dont il a été parlé, un homme barbu et à demi enveloppé d'un manteau s'avance tristement en portant les mains à son visage. Derrière lui est un homme également barbu, vêtu d'une longue tunique blanche, et qui joue de la double flûte. Le cortége est fermé par cinq *hoplites* marchant à la file à demi courbés, et la lance abaissée en signe de deuil; tous sont armés de boucliers orbiculaires, dont trois seulement présentent des emblèmes (2).

Une colonne termine ce tableau. — Ce vase curieux fait pendant à celui déjà décrit sous le n° 136.

Haut., 20 cent.

(1) Entre ces deux arbustes est peint un objet assez mal dessiné, mais qui doit être un hérisson.

(2) Un disque, une cuisse et une jambe humaine; deux disques entre deux croissants adossés. Les deux boucliers, dépourvus d'emblêmes, sont peints en blanc.

162 — F. 9. Peint. j. — Un cygne.

Haut., 21 cent.

---

163 — Peint. n. — Intérieur. Le *Gorgonium*.

Extér. Entre deux yeux, Minerve combattant un géant (*Encélade?*).

R. Thésée perçant le Minotaure.

Diam., 37 cent.

164 — Peint. n. — Intér. Le *Gorgonium*.

Extér. Entre deux grands yeux, Minerve montée sur un quadrige. Au-dessus, deux oiseaux qui volent en regard.

R. Le même sujet sans les oiseaux.

Diam., 30 cent.

165 — Peint. au trait. — Extér. Entre deux yeux, buste de Minerve casquée et vue de profil.

R. Le même sujet.

Diam., 27 cent.

166 — Peint. j. — Intér. Mercure barbu, coiffé du *pé-*

tase et vêtu de la chlamyde, porte pour chaussure des bottines ailées. Le dieu tient sa main gauche appuyée sur son flanc, et la droite est munie du caducée.

Diam., 20 cent.

167 — Peint. noire au centre et jaune en dehors. — Intér. Mercure, vêtu d'une tunique mouchetée et de la chlamyde, s'élance en tournant la tête et en tenant un grand caducée à la main. Cette figure est tout à fait traitée dans l'ancien style, soit pour la forme, soit encore pour l'ajustement.

Extér. Entre deux yeux, une femme court en tournant la tête et en tenant deux petits dauphins. Sa tête est coiffée d'un bonnet moucheté d'étoiles, et ses poignets sont ornés de bracelets. Son costume consiste en une espèce de tunique très-serrée sur le corps, et dont l'extrémité inférieure est courte, repliée sur elle-même et décorée de petites panthères peintes en noir. Malgré la singularité de costume que présente cette figure, le genre de son exécution doit la faire classer parmi les productions de l'une des belles époques de l'art.

R. Figure à peu près semblable à la précédente.

Diam., 30 cent.

168 — Peint. n. — Intér. Le *Gorgonium*.

Extér. Entre deux yeux, Bacchus, debout, tient deux grands ceps chargés de grappes. Au delà des yeux, deux Ménades, portant des *pardalides* nouées sur la poitrine, tournent la tête du côté du dieu.

R. Le même sujet.

Diam., 30 cent.

169 — Peint. n. — Intér. Le *Gorgonium*.

Extér. Bacchus, assis sur un pliant, tient un *canthare* et deux branches de lierre.

R. Hercule citharède montant sur une espèce de socle formé de deux gradins.

Diam., 29 cent.

170 — Peint. n. — Intér. Le *Gorgonium*.

Extér. Un Satyre apporte une couronne à Bacchus, à demi couché à terre et enveloppé d'une grande draperie.

R. Le même sujet.

Diam., 27 cent.

171 — Peint. n. — Intér. Le *Gorgonium* (en partie effacé).

Extér. Entre deux yeux, masque de Bacchus, barbu et couronné de lierre.

Diam., 28 cent.

172 — Peint. j. — Intér. Un Satyre couronné de lierre danse près d'une Ménade également couronnée et portant la *pardalide* par-dessus sa tunique.

Extér. Danse de trois Ménades tenant des thyrses, et de trois Satyres.

R. Deux Ménades, portant la *pardalide*, se défendent avec des thyrses contre deux Satyres *ithyphalliques*. A la gauche, un autre Satyre, étranger à cette lutte, danse près d'une outre, en tenant un *céras* à la main.

Diam., 30 cent.

173 — Peint. j. — Intér. Un Satyre qui se tient la tête de la main gauche, lève la jambe droite contre un roc....; devant lui est une Ménade portant la *nébride* jetée sur ses épaules, et qui paraît s'amuser des contorsions de son compagnon.

Diam., 20 cent.

174 — Peint. j. — Intér. — Un Satyre urinant dans un vase; autour du champ : ΠΑΜΔΟΡΟΣ ΕΠΟΙΕΣΕΝ (*Pamdorus fit*).

Extér. Entre deux yeux, un jeune guerrier, nu et casqué, relève une lance qui est à terre. Sur son bouclier est peinte une tête de Pan, vue de face.

R. Entre deux yeux, un archer, nu et couronné de myrte, présente son arc de la main gauche, et tire avec la main droite une flèche de son carquois. Sur le fond : ΕΠΙΚΤΕΤΟΣ ΕΓΡΑΦΣΕΝ (*Épictète peignit*).

Diam., 32 cent.

175 — Peint. j. — Intér. Un Satyre arrêtant une Ménade qui tient une paire de crotales. ΗΟ ΠΑΙΣ ΚΑΛΟΣ (*l'enfant est beau*).

Extér. Combat de six guerriers partagés en trois groupes (incomplet).

R. Quatre Satyres jouent avec deux daims *ithyphalliques* (incomplet).

Diam., 31 cent.

176 — Peint. j. — Intér. Un Silène poursuit une Ménade qui tourne la tête vers lui, en tenant deux branches de lierre et un thyrse. ΗΟ ΠΑΙΣ ΚΑΛΟΣ (*l'enfant est beau*).

Extér. Scènes de Ménades, et d'autres suivants de Bacchus. — R. Les mêmes sujets.

Diam., 30 cent.

177 — Peint. j. — Intér. Un Satyre à demi agenouillé s'apprête à saisir une *cylix* déposée à terre, et qu'un autre Satyre paraît vouloir briser avec le pied. Derrière le dernier est une amphore renversée.

Extér. Un maître d'exercices tenant une baguette adresse la parole à cinq éphèbes, dont deux sont également munis de baguettes.

R. Un homme barbu et le bras gauche appuyé sur un bâton, tourne la tête vers deux éphèbes en regard, et dont l'un tient une lyre. Sur la droite, un homme barbu, et qui prend à bras-le-corps un autre éphèbe, est suivi d'un jeune garçon qui tient un petit *pedum* et une espèce de sac ou de bourse en filet.

Diam., 32 cent.

178 — Peint. n. — Extér. Deux Satyres et deux Ménades qui dansent.

Diam., 22 cent.

179 — Peint. j. — Intér. Un Bacchant qui joue de la double flûte, précède un Silène qui tient des crotales.

Diam., 16 cent.

180 — Peint. n. — Intér. Un Satyre portant une très-grande barbe, tient un *rhyton* de la main droite, et court en tournant la tête et en avançant le bras droit, autour de cette figure : ΧΕΛΙΣ ΕΠΟΙΕΣΝ (*sic*), *Chélide fit.*

Extér. Entre deux yeux, un éphèbe couronné de myrte tient une baguette.

R. Entre deux yeux, une plante.

Diam., 33 cent.

181 — Peint. n. — Extér. Un éphèbe nu et monté à cheval. Devant lui, un personnage vêtu de long précède deux Satyres *ithyphalliques* et deux Ménades qui accourent avec rapidité. En arrière du cavalier, un Satyre, qui appuie ses mains sur les reins du cheval, est menacé par une Ménade : au delà de ces figures, deux Satyres *ithyphalliques* et deux Ménades se précipitent également vers le jeune homme dont il vient d'être parlé.

R. Bacchus debout, et tenant un *céras*, est en regard d'un personnage vêtu de long. Des deux extrémités du champ arrivent en hâte des Satyres *ithyphalliques* et des Ménades. Près de ces diverses figures sont de petites inscriptions trop mal tracées pour qu'on puisse en tirer aucun sens.

Diam., 26 cent.

182 — Peint. j. — Intér. Une Ménade coiffée d'un bonnet, court en tournant la tête et en tenant des crotales. Sur le fond était tracée une inscription en partie effacée, et dont il ne reste plus que le mot ΚΑΛΟΣ (*beau*).

Extér. Un jeune guerrier monte sur un quadrige conduit par un écuyer, couronné de myrte, vêtu de long et portant un bouclier sur le dos. Devant le char, près duquel vole un oiseau de proie, est un guerrier qui se retourne vers le quadrige et lance un javelot. — Reste d'inscription.

R. Une Amazone? montée à cheval et le carquois suspendu au côté. Derrière elle, un guerrier grec qui l'attaque avec sa lance, est suivi d'un autre guerrier armé d'une lance et arrêtant un cheval. Sur le fond : HOΠAIΣ ΚΑΛΟΣ (*l'enfant est beau*).

Diam., 27 cent.

183 — Peint. n. — Intér. Le *Gorgonium.*

Extér. Entre deux yeux, une Ménade, couronnée de pin et la *pardalide* nouée autour du corps, marche en agitant des crotales. Au delà des yeux, un Satyre et une Ménade qui dansent.

R. Entre deux yeux, une Ménade couronnée de pin et jouant de la double flûte. Au delà des yeux, une Ménade et un Satyre qui dansent.

Diam., 27 cent.

184 — Peint. j. — Intér. Une Ménade court en tournant la tête et en tenant deux crotales. HOΠAIΣ ΚΑΛΟΣ.

Extér. Combat de quatre guerriers, dont l'un est blessé à la poitrine.

R. Autre combat d'un même nombre de guerriers. HO-ΠAIΣ....

Diam., 33 cent.

185 — Peint. n. — Intér. le *Gorgonium.*

Extér. Entre deux yeux, une Ménade marche en tournant la tête en arrière. Au delà des yeux, deux Satyres *ithyphalliques.*

R. Le même sujet. Sous chacune des anses un lion debout et qui tourne la tête.

Diam., 30 cent.

186 — Peint. j. — Triptolème, tenant un sceptre, est assis sur un char attelé d'un serpent. Sa tête est ceinte d'une couronne de laurier, une longue tunique couvre son corps, et sa chevelure descend en tresses ondulées sur ses épaules. Devant lui, une femme ailée vole à la hauteur de son visage, et paraît lui adresser la parole. Sur le champ sont peints sept grains de blé.

Extér. Un jeune homme nu, la chevelure flottante et la tête ceinte d'un bandeau, s'appuie sur une *haste* et présente un casque à un autre éphèbe, coiffé comme lui, et appuyé sur deux *hastes*. En arrière du premier, un homme barbu et vêtu de long tient un *tau*. A la suite du second, et au delà d'une colonne dorique, est une femme ailée, tenant un vase (nº 2) et une *phiale*. Sur le fond sont suspendues une bandelette et une épée contenue dans son fourreau.

R. Un guerrier imberbe poursuit une femme qui semble vouloir se réfugier près d'un personnage vêtu de long et appuyé sur un sceptre. Derrière le guerrier, une autre femme fuyant, tournant la tête du côté de la scène qui vient d'être décrite.

Le bouclier du guerrier porte pour emblème un serpent. Une couronne (ou un collier) est supendue près de la femme qui fuit.

Diam., 33 cent.

187 — Peint. j. — Intér. Triptolème, assis sur un char attelé de deux serpents, appuie sa main gauche sur un sceptre et tient une *phiale* de la droite. Il est représenté à demi couvert d'une draperie, et sa chevelure, relevée en arrière, est contenue par une couronne d'épis. Devant lui, Cérès, tenant un flambeau de la main gauche, tient de la droite un vase (nº 2), et remplit la *phiale* qui lui est présentée. Sur le haut du champ sont peints trois épis.

Extér. Un éphèbe nu et appuyé sur une haste, prend la main d'un guerrier placé devant lui. A la suite du premier personnage, une femme voilée précède un jeune homme coiffé du *pétase*, couvert d'une chlamyde, et armé de deux lances et d'une épée; derrière le guerrier, sont les restes d'une figure debout, près d'une autre assise et appuyée sur un bâton.

R. Un homme montant sur un bige. En regard des chevaux est un éphèbe nu, armé d'une épée et appuyé sur deux hastes. Plus loin, une figure drapée s'appuie sur un *tau*. (Cette partie de la coupe est très-maltraitée.)

Diam., 30 cent.

188 — Peint. n. — Extér. Un sphinx assis entre deux hommes debout. — R. Le même sujet.

Diam., 21 cent.

189 — Peint. j. — Intér. Un guerrier barbu et vêtu d'une tunique très-courte, tient un beau casque qu'il regarde avec attention. Ce personnage est debout entre une petite table couverte d'une tunique pliée, et un bouclier orné du *Gorgonium*.

Extér. Le sphinx, assis sur le haut d'une colonne ionique, étend ses pattes de devant vers un jeune homme assis sur un cube et tournant la tête de son côté. En avant de celui-ci, un de ses compagnons paraît effrayé et s'enfuit. En arrière du sphinx, un homme barbu, assis et placé en regard d'un jeune homme, s'appuie sur un bâton noueux.

R. Quatre hommes à demi couverts de draperies, paraissent saisis d'épouvante.

Diam., 23 cent.

190 — Peint. n. — Hercule, debout, combat le lion Néméen. — R. Le même sujet.

Diam., 23 cent.

191 — Peint. n. — Intér. Le *Gorgonium*.

Extér. Entre deux yeux, Hercule debout et combattant le lion qu'il va frapper avec sa massue. Les spectateurs de cette lutte sont Minerve, Iolas et Mercure.

R. Bacchus, assis sur un pliant, tient un *céras* et une grande tige de lierre. Devant lui est un Silène, tenant un vase à une anse et qui lui présente à boire. Au delà des yeux sont peints deux Satyres dansant. Sous les anses, une tête de femme et un oiseau.

Diam., 38 cent.

192 — Peint. j. — Intér. Un guerrier court en tournant la tête et couvert de son bouclier. Sur le fond, ΗΟΠΑΙΣ ΚΑΛΟΣ (*l'enfant est beau*).

Extér. Hercule, à demi agenouillé, étreint dans ses bras

le lion Néméen. Près du groupe est suspendu un carquois. Derrière Hercule, Mercure s'éloigne en tournant la tête. Sur le côté opposé, un éphèbe couronné de myrte regarde le combat.

R. Thésée, couronnée de myrte, entoure de liens le taureau de Marathon. Aux bouts du champ, deux éphèbes regardent cet exploit. Au-dessus du taureau : ΠΟΠΑΙΣ ΚΑΛΟΣ (*l'enfant est beau*).

Diam., 34 cent.

193 — Peint. n. — Extér. Hercule combat le lion en présence de deux personnages debout et appuyés sur des *hastes*. Sur le haut du champ sont deux légendes mal tracées.

Diam., 28 cent.

194 — Peint. n. — Extér. Entre deux yeux. Hercule, couvert de la peau du lion, marche en portant le trépied.

R. Le même, décochant des flèches.

Diam., 29 cent.

195 — Peint. n. — Intér. Hercule, nu, frappe une Amazone à demi tombée sur ses genoux. Derrière les combattants sont deux cavaliers et sept personnages tenant des lances, mais qui semblent étrangers à l'action.

R. Le même sujet.

Diam., 27 cent.

196 — Peint. j. — Intér. Un homme jeune, imberbe, et la tête ceinte d'un bandeau, s'appuyant de la main gauche sur une espèce de sceptre, semble conduire une femme voilée vers laquelle il dirige ses regards, et qui paraît sortir d'une maison dont on ne voit qu'une partie. Autour du champ est tracée une inscription peu facile à lire.

Extér. Thésée, vainqueur du taureau de Marathon, qu'il tient par un pied, et qui est contenu par un Silène. En haut du champ : ΛΤΙΟΣΙΛΤΙΟΣ? — Le même, armé d'une hache, frappe Sinis? à demi renversé sur une roche près d'un pin? Derrière cette dernière figure .....ΟΣΓΑΙ.

R. Thésée, armé de deux lances et d'une massue, frappe

la laie de Cromyon réfugiée entre des roches, et près de laquelle est une femme qui étend un bras vers le héros. Le même, appuyé sur deux lances, et la main droite posée sur son épée, écoute Périphète? assis sur une roche, près d'un arbre, et armé de sa massue.

Cette coupe a perdu une anse et quelques parties des deux groupes qui viennent d'être décrits ; les inscriptions qu'elle présente ne paraissent susceptibles d'aucune interprétation.

Diam., 29 cent.

197 — Peint. n. — Intér. Le *Gorgonium*.

Extér. Aux côtés des deux yeux : deux Centaures tenant des branches d'arbres auxquelles sont suspendus un lièvre, un renard et deux cuisses de quadrupède. Au-dessus : ΗΠΟΝΙΚΟΣ (pour Ἱππόνικος) ΚΑΛΟΣ, *Hipponicus est beau*. Sous l'une des anses, un vieux Satyre touche la queue d'un Centaure. Sous l'autre anse est figurée une panthère prenant sa course.

R. Deux yeux. Près des anses, Bacchus, monté sur un bouc, et tenant une branche de lierre. A ses côtés sont plusieurs de ses suivants, dont l'un porte une outre.

Diam., 38 cent.

198 — Peint. j. — Intér. Une Amazone qui fuit, tourne la tête en arrière. Ses mains sont armées de deux lances et d'une épée large et courte, ressemblant assez à un *couperet*. Sa tête est couverte d'un bonnet fait d'une peau mouchetée, et son bouclier, de forme lunaire, est suspendu sur son dos. Autour de cette figure : ΗΟΠΑΙΣ (*l'enfant*).

Extér. Un guerrier, presque couché à terre, menace de sa lance un ennemi qui n'a pour arme qu'une pierre. Au-dessus de ce groupe est tracée une inscription.

R. Un guerrier, à demi renversé, est attaqué par un ennemi qui tient une épée à la main. Au-dessous de lui : . . . ΡΟΚΛΕ. Sur l'autre : . . . ΤΙΜΑΡΑΧΟ.

Diam., 21 cent.

199 — Peint. j. — Intér. Achille ΑΧΙΛΕΥΣ (1), imberbe, et levant son épée, saisit par la chevelure le jeune

Troïlus, réfugié sur un autel orné de volutes et où l'on voit déposé le rameau de suppliant que tenait le malheureux prince.

Achille est coiffé d'un casque (*cranos*), dont les *géniastères* sont relevées (2). Sa chevelure, bouclée sur le front, descend en longues tresses sur ses épaules. Son corps est défendu par une cuirasse garnie de lanières. Derrière lui sont sa lance, plantée en terre, et son bouclier orbiculaire, décoré de la figure d'un cheval marin. Troïlus a la tête nue; son vêtement consiste en une simple tunique; sa main gauche s'appuie sur l'autel, et la droite cherche en vain à le dégager de celle de son meurtrier.

Extér. Le même sujet. Troïlus (ΤΡΟΙΛΟΣ) près de deux chevaux dételés et d'un palmier, est saisi par Achille ...ΙΛΕΤ. (rétrograde) qui l'entraîne vers un autel contre lequel s'élève un grand trépied. Entre Achille et l'autel, on lit le mot ΛΥΚΟΣ (*Lycus*), formant probablement le nom de celui à qui cette coupe fut offerte. Sur l'autel est un rameau, et plus loin on voit un palmier.

R. Un héros barbu et casqué, couvre sa jambe gauche d'une *cnémide*. Devant lui est déposée sa seconde *cnémide*, ainsi qu'un bouclier. Au delà, du même côté, un éphèbe, appuyé sur un bouclier, présente un casque. En arrière du héros sont représentés les objets suivants : un bouclier appuyé contre un siége; un guerrier tenant un glaive renfermé dans son fourreau; un autre guerrier barbu apportant un bouclier (3), et sous l'anse, est un casque (*aulopis*), vu de face et posé sur un siége sans dossier.

Sur le bord extérieur, on lit : ΕΥΦΡΟΝΙΟΣ ΕΠΟΙΕΣΕΝ (*Euphronius fit*). Cette coupe a été retirée incomplète des fouilles faites à la Doganella, en octobre 1828 (4).

Diam., 31 cent.

(1) Ainsi orthographié et rétrograde.

(2) Les *géniastères* et les *épaulières* sont en relief.

(3) La partie inférieure des *cnémides* de ce guerrier paraît être garnie d'espèces de bourrelets destinés sans doute à éviter l'effet d'une trop forte pression sur le point qui avoisine le pied.

(4) *Catalogo etr.*, p. 81, n° 568. — *Mus. étr.*, pl. XIV, n° 568. — Gerhard, *Rapp. Volc.*, p. 153, n° 408. — *Ibid.*, p. 191, n° 824.

200 — Peint. j. — Intér. Un guerrier barbu et armé d'une lance (Ménélas?) accourt et saisit une femme (Hélène?) qui cache ses mains sous son *péplus*.

Extér. Un éphèbe tenant deux lances, et debout près d'un cheval, paraît écouter un jeune voyageur; derrière celui-ci, une femme qui tourne la tête en dirigeant ses pas d'un autre côté. A la suite du cheval sont deux éphèbes en regard.

R. Un homme barbu tenant deux lances, et placé devant un cheval, s'entretient avec un autre personnage barbu, enveloppé d'une draperie et appuyé sur un bâton. Plus loin, du même côté, une femme tenant une aiguière précède une homme barbu et assis, et adresse la parole à un autre, qui est debout et appuyé sur un *pedum*.

Diam., 38 cent.

201 — Peint. j. — Intér. Un guerrier, debout et appuyé sur sa lance, porte au bras gauche un bouclier sur lequel est peint un taureau. Son casque est orné d'un panache partagé en deux masses qui retombent sur des côtés différents, et la seule de ses *géniastères* qui soit apparente est ornée d'une panthère prenant sa course. Près de ce personnage était peint un jeune garçon dont la partie supérieure est détruite. Sur le fond on lit : ΓΛΑΥΚΟΣ ΚΑΛΟΣ (*Glaucus est beau*).

Extér. Un cavalier barbu, armé d'un arc et d'un bouclier de forme lunaire, se défend contre un *hoplite* qui lui porte un coup de lance. En arrière de ce dernier s'avancent deux autres guerriers dont l'un porte un casque flanqué de deux cornes; près du cavalier est un arbre sans feuilles.

R. Un cavalier portant un carquois suspendu au côte, tient un arc et combat un *hoplite* qui lui porte un coup de lance. Sur la gauche, un guerrier tenant un arc et deux lances, saisit la bride d'un cheval placé près d'un arbre desséché.

Diam., 31 cent.

202 — Peint. n. — Extér. Trois groupes de combattants. Inscriptions peu lisibles.

R. Trois cavaliers coiffés de bonnets pointus et portant des petits manteaux, courent à la file en se dirigeant vers la gauche. Inscriptions peu lisibles.

Diam., 22 cent.

203 — Peint. n. — Intér. Un guerrier debout et élevé sur ses orteils, saisit la crinière de son cheval, qu'il va monter (1). A sa droite est un cavalier coiffé du bonnet pointu que portent souvent les archers.

Extér. Près du bord de la coupe : tête d'homme barbu, dessinée au trait et vue de profil. Au-dessus, entre deux lions en regard : ΕΠΙΤΙΜΟΣ ΕΠΟΙΕΣΕΝ (*Epitimus fit*).

R. Semblable, à l'exception que la tête d'homme est remplacée par celle d'une femme coiffée d'un réseau. Cette coupe a beaucoup souffert.

Diam., 30 cent.

(1) Le panache de son casque retombe en avant de son visage.

204 — Peint. j. — Intér. Un archer costumé à la phrygienne, et prêt à décocher une flèche. A ses pieds est déposé son carquois. Autour de la figure : ΗΙΣΚΥΛΟΣ ΕΠΟΙΕΣΕΝ (*Hischylus fit*).

Extér. Entre deux yeux, un homme nu, casqué et sans armes offensives, court en portant à son bras un bouclier sur lequel est peint un crabe.

R. Un éphèbe nu est en regard d'un homme également nu, d'une obésité remarquable, et qui tient un paquet de cordes. Plus à droite, et près d'une table chargée d'un paquet, se voit un jeune homme tenant une longue baguette. A côté de lui, un éphèbe s'apprête à lancer un disque. Au-dessus : ΦΕΙΔΙΠΟΣ ΕΓΡΑΦΕ (*Phédippe peignit*). — (*Mus. étr.*, n° 568.)

Diam., 33 cent.

205 — Peint. j. — Intér. Un guerrier dépourvu d'armes offensives, et courant. ΗΟΠΑΙΣ ΚΑΛΟΣ (*l'enfant est beau*).

Extér. Deux guerriers attaquent un cavalier qui riposte d'un coup de lance. En arrière des assaillants, un autre cavalier lève sa lance et paraît vouloir venir à la défense de son compagnon.

R. Un Satyre arrêtant un mulet. Près de lui, une Ménade repousse un autre Satyre *ithyphallique* qui veut la saisir dans ses bras. Plus loin, un autre Satyre *ithyphallique*, et tenant une baguette, est placé près d'un mulet. Cette marche est fermée par un dernier Satyre également animé par l'orgie, et dont la tête, vue de face, égale en laideur celles de ses compagnons. ΗΟΠΑΙΣ ΚΑΛΟΣ.

Diam., 31 cent.

206 — Peint. j. — Intér. Un homme nu et barbu se dispose à attacher sa seconde *cnémide*. Derrière lui est déposé à terre un casque (*aulopis*).

Extér. Combat de cinq guerriers. ΗΟΠΑΙΣ.

Cinq éphèbes nus. Le premier tient une outre, le second une lyre, le troisième joue de la double flûte, et le dernier tient à la fois un *diota* et un *céras*. Sur le fond est suspendu un panier. ΚΑΛΟΣ.

Diam., 32 cent.

207 — Peint. n. — Intér. Un *hoplite*, marchant très-rapidement, se retourne couvert de son bouclier, et tenant sa lance en arrêt.

Extér. Entre deux grands yeux, une Sirène (ou Harpie?) ornée de pendants d'oreilles, et couronnée de laurier.

Diam., 29 cent.

208 — Peint. j. — Intér. Un jeune cavalier, coiffé d'une espèce de bonnet phrygien terminé en pointe, porte au bras un bouclier lunaire. ΗΟΠΑΙΣ ΚΑΛΟΣ (*l'enfant est beau*).

Extér. Un personnage coiffé comme le précédent, près de deux guerriers descendus de leurs chevaux. Même acclamation que sur le côté précédent.

R. Un éphèbe couronné de myrte, devant un cheval, et

en regard de deux guerriers qui tiennent leurs chevaux par la bride.

Diam., 31 cent.

209 — Peint. j. — Intér. Un jeune guerrier nu, couvert d'un bouclier, et tenant une lance à la main.

Extér. Un jeune guerrier cuirassé, assis sur une pierre et tenant deux lances, présente une coupe à une femme debout et munie d'un vase (F. 2). Le reste de ce côté est incomplet.

R. Un éphèbe nu et couronné tient un cheval par la bride. Sur le fond : ....IΣ....

Diam., 31 cent.

210 — Peint. n. — Extér. Combat de quatre *hoplites* contre un même nombre de cavaliers. Sur les boucliers, dont l'extérieur est visible, sont figurés l'arrière d'un lion et un serpent qui se détache en relief. Le champ est couvert de dix-sept inscriptions peu lisibles.

R. Autre combat de quatre cavaliers contre trois *hoplites*. A l'extrême droite est un groupe de deux autres *hoplites* qui combattent ensemble. Sur le champ, vingt inscriptions la plupart assez mal tracées.

Diam., 29 cent.

211 — Peint. n. — Intér. Le *Gorgonium*.

Extér. Entre deux yeux humains, un *hoplite*, à demi agenouillé et couvert d'un bouclier, tient sa lance à la main. — R. Le même sujet.

Diam., 21 cent.

212 — Peint. n. — Extér. Entre deux grands yeux, deux guerriers, le casque (*aulopis*) abaissé sur le visage, combattent à coups de lance.

R. Le même sujet.

Diam., 32 cent.

213 — Peint. n. — Le *Gorgonium*. — Extér. Entre deux grands yeux, un guerrier, couvert de son bouclier, tourne la tête et lance un javelot. — R. Le même sujet.

Diam., 30 cent.

214 — Peint. j. — Intér. Un éphèbe nu, et en partie vu de dos, tient des cordons avec la main gauche, et dirige sa main droite vers un autel. Autour du champ ΧΑΙΡΕΣΤΡΑΤΟΣ ΚΑΛΟΣ (*Chærestrate est beau*).

Extér. Un *pédotribe* surveillant deux groupes de pugilateurs. Au-dessus : ΔΟΡΙΣ ΕΓΡΑΦΣΕΝ (*Doris peignit*).

R. Un *pédotribe* entre deux groupes de pugilateurs, et deux éphèbes tenant des cordons. Sur le fond : ΚΑΛΟΣ (*beau*).

Diam., 23 cent.

215 — Peint. j. — Intér. Un éphèbe, couronné de myrte et à demi enveloppé d'une draperie, appuie sa main gauche sur un bâton, et fait de la droite une libation sur un autel chargé d'un rameau. En arrière de ce personnage est un siége recouvert d'un coussin.

Extér. Un homme barbu et appuyé sur un bâton, est debout au milieu de trois éphèbes dont l'un tient une lyre et les autres des lapins suspendus par les oreilles.

R. Un homme barbu s'appuie sur un bâton et tient une espèce de bourse? en filet. Près de lui sont trois éphèbes dont l'un porte un coq.

Diam., 29 cent.

216 — Peint. j. — Intér. Un éphèbe couvert du *tribon* présente un œuf? au-dessus d'un autel.

Extér. Deux éphèbes en regard : l'un est assis sur une roche, l'autre s'appuie sur un bâton.

R. Un éphèbe, arrivé près de la porte d'une maison, tourne la tête et regarde un de ses compagnons qui tient une espèce de bourse; entre eux, un *pedum*. Sous les anses sont deux autels.

Diam., 23 cent.

217 — Peint. j. — Intér. Un éphèbe nu et à demi courbé paraît vouloir saisir six petits rameaux dispersés près de ses mains. Sa tête est entourée d'une bandelette fort large et d'une longueur remarquable. Une autre bandelette est pla-

cée sur son corps, et enfin une troisième, qui est sans appui, se déroule près de ses cuisses. ΗΟΠΑΙΣ ΚΑΛΟΣ (*l'enfant est beau*).

Extér. Quatre éphèbes partagés en deux groupes, paraissent s'entretenir ensemble.

R. Le même sujet.

Diam., 30 cent.

218 — Peint. j. — Intér. Un coq. Autour de lui : ΠΡΟΣΑΓΟΡΕΤΟ (*j'appelle*).

Extér. Entre deux griffons qui tournent le dos, trois éphèbes nus et couronnés de myrte. Celui du centre tient un disque et l'un de ses compagnons une baguette. Au-dessus de leurs têtes : ΠΟΡΕΛΟ?

R. Une Ménade tenant des crotales, est entre deux Satyres, dont l'un tient une outre tandis que l'autre se livre au plaisir de la danse : Au-dessus d'eux : ΠΑΟΣΑ? — (*Mus. étr.*, n° 563.)

Diam., 31 cent.

219 — Peint. j. — Intér. Groupe de lutteurs dont l'un est cramponné sur le dos de l'autre. Au-dessus d'eux : ΑΝΤΙΜΑΧΟΣ (*Antimaque*). Près d'eux, un *pédotribe* tenant une baguette fourchue, paraît vouloir faire cesser le combat. Derrière lui : ΑΣΟΠΟΚΛΕΣ (*Asopoclès*).

Extér. Deux éphèbes nus et casqués, ont les jambes couvertes de *cnémides*, et portent des boucliers orbiculaires. L'un des boucliers est presque entièrement détruit ; sur l'autre, orné d'une caisse de char, on lit : ΚΕΦΙΣΟΦΟΝ ΚΑΛΟΣ (*Céphisophon est beau*). Près de ces jeunes gens, qui vont concourir à la course armée, est un *pédotribe* tenant la baguette fourchue. Près de lui est tracé son nom : ΑΜΒΡΟΣΙΟΣ (*Ambrosius*).

Derrière ce dernier personnage, un éphèbe, armé comme les précédents, se tient à demi courbé, portant la main droite à son casque. Derrière lui : ΔΟΡΟΘΕΟΣ (*Dorotheus*). A sa suite sont encore deux de ses compagnons : l'un plaçant sa seconde *cnémide*, et le casque déposé à terre,

ΒΑΤΡΑ..Σ (*Batrachus?*); l'autre tenant un casque et un bouclier. Devant sa jambe gauche : ΟΛΥΜΠΙΟΔΟΡΟΣ (*Olympiodore*). Sous l'anse : un bouclier orné d'un trépied, et le mot ΚΑΛΟΣ (*beau*).

R. Un *pédotribe*, armé de la baguette fourchue, frappe un très-jeune pugilateur blessé près de l'œil, et qui cherche à retenir son bras. Sur l'épaule gauche de l'enfant : ΦΟΙΝΗ? Plus loin, un autre *pédotribe* sépare à coups de baguette deux pugilateurs, l'un à demi renversé, tandis que l'autre, blessé au visage et le corps flagellé, paraît prêt à tomber en arrière. Entre ces deux figures se lisent les inscriptions suivantes, dont les premières sont incomplètes : ..ΑΡΑΣ-ΙΑ-ΣΤΑ-ΚΛΕΟΝ (*Cléon*). — Groupe de deux athlètes dont l'un est placé sous son adversaire. Sur le corps du premier, on lit : Ε..ΤΟΣΘΕΝΕΣ (*Eratosthènes?*). — Un éphèbe agenouillé est flagellé par un *pédotribe*. Derrière celui-ci : ΚΛΙΣΟΦΟΝ (*Clisophon*); sous l'anse, une cuvette pesant sur trois pieds de lion.

Une restauration mal faite sur ce côté de la coupe, doit cacher d'autres inscriptions.

Diam., 33 cent.

220 — Peint. j. — Intér. Un éphèbe nu tient un disque, et tend son bras droit en arrière près d'une longue baguette. Inscriptions peu lisibles.

Extér. Un *pédotribe* au milieu de cinq éphèbes qui se livrent à des exercices gymnastiques. L'un court en tenant des *haltères*, un autre lance le disque, etc.

R. Sujet du même genre, où le *pédotribe* paraît saisir un éphèbe qui porte des *haltères*.

Diam., 33 cent.

221 — Peint. j. — Intér. Un éphèbe nu marche en tenant un disque. Derrière lui, une pioche Sur le fond : ΚΑΛΟΣ (*beau*).

Extér. Un éphèbe relève un disque; un autre s'apprête à lancer le sien; un troisième éphèbe étend les mains devant lui. ΗΟΠΑΙΣ ΚΑΛΟΣ (*l'enfant est beau*).

R. Deux éphèbes nus se lavent les mains dans un *labrum* ; un autre jeune homme, tenant des *haltères*, tourne le dos à ses compagnons. ΗΟΠΑΙΣ ΚΑΛΟΣ.

Diam., 33 cent.

222 — Peint. j. — Intér. Un éphèbe nu marche en tournant la tête, et tenant un disque qu'il va lancer : près de lui, une pioche et le mot ΚΑΛΟΣ (*beau*).

Extér. Entre deux yeux, un éphèbe nu et courbé soulève des contre-poids posés à terre. — R. Le même sujet.

Diam., 33 cent.

223 — Peint. j. — Intér. Un homme nu et barbu marche en portant au bras gauche un bouclier de forme lunaire, et en sonnant de la trompette. ΗΟΠΑΙΣ ΚΑΛΟΣ (*l'enfant est beau*). Sur le bouclier est peint un oiseau assez peu reconnaissable.

Extér. Entre deux yeux, un discobole plantant un petit piquet en terre. ΚΑΛΟΣ (*beau*).

R. Un éphèbe nu et *ithyphallique*, renversé en arrière et appuyé sur ses mains, porte en équilibre sur son ventre une tasse à deux anses.

Ce personnage est couronné de myrte. Sous lui est placé un vase à une anse.

Diam., 33 cent.

224 — Peint. j. — Intér. Un éphèbe nu, levant des *haltères*. Autour de lui est tracée en lettres noires, se détachant faiblement sur le fond du vase, l'inscription suivante : Χ . . ΙΣ ΕΠΟΙΕΣΕΝ (*Chélide fit*).

Extér. Un éphèbe, prêt à lancer un disque, est précédé d'un autre jeune homme, qui, retournant la tête, lui montre un groupe de lutteurs. A la droite sont placés deux autres éphèbes, dont l'un tient deux baguettes.

R. Deux éphèbes conduisant trois chevaux.

Diam., 33 cent.

225 — Peint. j. — Intérieur. Un éphèbe nu et cou-

ronné, se retourne en courant, et en tenant deux baguettes. A ses pieds sont deux contre-poids. Sur le fond, ΕΠΟΙΕΣΕΝ, (*fit*). Ce mot, qui n'est précédé d'aucun nom de fabricant, se trouve ainsi isolé sur un petit nombre de vases peints.

Diam., 19 cent.

226 — Peint. j. — Intér. Un éphèbe nu court en tournant la tête et tenant des crotales.

Pourtour. — Treize éphèbes couronnés de lierre, se livrent à des amusements divers : l'un joue de la double flûte; d'autres, tenant des coupes, sont montés sur leurs compagnons qui relèvent une amphore; quelques-uns dansent, jouent des crotales, ou tiennent des tasses à la main. ΗΟΠΑΙΣ ΚΑΛΟΣ répété deux fois.

Diam., 33 cent.

227 — Peint. n. — Un homme nu et courbé tient une pioche et deux baguettes. Autour de lui : ΗΟΠΑΙΣ ΚΑΛΟΣ (*l'enfant est beau*). Cette partie de la coupe imite le dessin des anciens ouvrages de l'art.

Extér. Peint. j. — Entre deux yeux, un éphèbe nu et couronné de myrte se baisse en levant la tête, et en ramassant une *haltère*. Même inscription.

R. — Peint. j. — En partie détruit.

Ces deux faces rappellent à une très-belle époque, et leur dessin est d'une finesse remarquable.

Diam., 31 cent.

228 — Peint. n. — Le centre est occupé par un bouton en bronze, servant à fixer la coupe sur son piédouche. Cette restauration est antique.

Extér. Deux hommes, l'un imberbe et l'autre barbu, sont également agenouillés l'un devant l'autre, et tiennent chacun un coq qu'ils vont lancer au combat.

R. Le même sujet, accompagné d'une inscription qui ne paraît se prêter à aucun sens, et que l'on a supposé appartenir à une prétendue langue inconnue. — K. P. d. C. 2018. — Gerhard, *Rapp. Volc.*, p. 72.

Diam., 30 cent.

229. — Peint. n. — Extér. Entre deux grands yeux, un homme nu et barbu marche en tenant des contre-poids.

R. Le même sujet. Le piédouche de cette coupe est formé par un *phallus*.

Diam., 17 cent.

230. — Peint. j. — Intér. Un éphèbe nu, tient un *strigile*, et tourne la tête vers une espèce de *meta*.

Diam., 15 cent.

231 — Peint. j. — Près d'un édifice indiqué par une colonne chargée d'un architrave, un homme barbu et vêtu de long, donne un baiser à un éphèbe qu'il tient affectueusement par la tête. Derrière ce groupe est un siége garni d'un coussin.

Extér. Deux femmes ailées présentent des bandelettes à un éphèbe nu et debout, près d'un autel orné de volutes. Au delà de l'une des figures ailées, un homme chauve, la tête entourée de bandelettes, regarde la scène précédente en s'appuyant sur un bâton. Sur le côté opposé, une femme debout étend le bras gauche en avant d'elle.

R. A peu près semblable, mais plus mutilé.

Diam., 23 cent.

232 — Peint. j. — Intér. Un éphèbe debout entre une *meta* et un *pedum*.

Extér. Un guerrier, la tête nue, est debout entre une femme ailée qui lui présente un casque, et un homme barbu, la tête ceinte d'une couronne, et la main droite appuyée sur un sceptre. Le bouclier du guerrier porte pour emblème un cheval.

R. Un guerrier debout, presse la main d'un personnage assis sur un siége. En arrière du héros se voit une femme qui lève les bras devant elle.

Diam., 23 cent.

233 — Peint. j. — Intér. Un jeune cavalier, couvert de la chlamyde, coiffé d'un chapeau plat et tenant deux lances.

Derrière lui : ΚΑΛΟΣ ΕΡΟΘΕΜΙΣ (*Hérothémis est beau*). Devant le cheval : ΕΥΦΡΟΝΙΟΣ ΕΠΟΙΕΣΕΝ (*Euphronius fit*).

Extér. Un cheval, placé près d'une colonne dorique, est tenu en laisse par un homme coiffé d'une espèce de bonnet phrygien. Derrière le cheval se voit un enfant tenant une baguette et deux lances. Sur le chapiteau de la colonne : ΛΥΚΟΣ (*Lycus*), et près de l'homme : ΚΑΛΟΣ (*beau*). Sur la droite, en regard des précédents, s'avance un cavalier armé de deux lances. Près de lui le nom d'*Hérothémis*, répété une seconde fois.

R. Trois cavaliers, vêtus de chlamydes, se dirigent vers une colonne dorique. Près d'eux : ΟΝΕΣΙΜΟΣ ΕΓΡΑΦΣ... (*Onésimus peignit*). — (*Mus. étr.*, n° 1191. — *Rapp. Volc.*, p. 180, n° 723.)

Diam., 30 cent.

234 — Peint. j. — Intér. Un homme barbu et en partie enveloppé du *tribon*, appuie sa main droite sur son flanc, et se repose de l'autre main sur un bâton. En face de lui est une femme assise, coiffée d'un bonnet, et qui serre le pouce et l'index de sa main droite, comme si elle tenait un objet d'un très-petit volume. ΗΟΠΑΙΣ ΚΑΛΟΣ (*l'enfant est beau*).

Extér. Bacchus, tenant un *canthare* et un cep, paraît écouter un Satyre qui tient deux flûtes : celui-ci précède une Ménade couverte d'une *pardalide*, et dont les gestes sont très-animés. En arrière de Bacchus, un autre Satyre paraît touché des charmes d'une Ménade qui le repousse avec la hampe d'un thyrse.

R. Deux Ménades résistent à deux Satyres. Une autre compagne de Bacchus se retire en tenant à la main une hampe de thyrse. ΗΟΠΑΙΣ ΚΑΛΟΣ (*l'enfant est beau*).

Diam., 32 cent.

235 — Peint. n. — Extér. Un écuyer monté sur un bige, entre deux personnages vêtus de long et assis sur des

pliants. Les deux extrémités du champ sont occupées par des groupes d'*hoplites* qui combattent.

R. Le même sujet, avec quelques variantes.

Diam., 25 cent.

236 — Peint. n. — Intér. Un homme couronné de lierre et barbu, court, botté d'une jambe, et en étendant le bras droit. Autour de lui : . . ΚΟΣΘΕΝΕΣ ΕΠΟΙ. . . . (*Nicosthènes fit*).

Extér. Entre deux yeux : Un homme nu et d'un aspect ridicule, marchant à droite.

R. Un bélier debout, et qui tourne la tête en arrière. — (*Mus. étr.*, n° 273. — *Rapp. Volc.*, n° 711).

Diam., 31 cent.

237 — Peint. j. — Intér. Deux éphèbes en regard, et dont l'un est appuyé sur un bâton.

Extér. Trois éphèbes debout et vêtus du *tribon*. Entre deux de ces jeunes gens est suspendu un objet de forme hémisphérique, dont le nom et l'usage nous sont inconnus. ΗΟΠΑΙΣ ΚΑΛΟΣ (*l'enfant est beau*).

R. Un éphèbe, vêtu d'une tunique, soutient un hémicycle semblable au précédent. Au-dessous de cet objet est une espèce de cippe chargé de cinq lettres et sur lequel est posée une chlamyde soigneusement pliée. Ce personnage est placé au milieu d'autres éphèbes, l'un tenant une lance, et l'autre présentant une épée contenue dans son fourreau.

Diam., 21 cent.

238 — Peint. n. sur fond blanc. — Intér. Un éphèbe, nu et monté à cheval, tient une baguette de la main gauche, et sa tête est couverte d'une espèce de *toquet* surmonté de deux enroulements réunis au centre par une fleur? Devant lui court, les mains en avant, un petit personnage coiffé de même, et dont les jambes ainsi que les épaules sont ailées. Un épervier est perché sur le cou de son cheval, qui est entouré de quatre autres oiseaux de proie. Cette coupe paraît

appartenir au style archaïque, et rien dans sa peinture ne décèle l'imitation.

Diam., 18 cent.

239 — Peint. j. — Intér. Un homme debout, et à demi entré dans un bain, lève la cuisse droite, et se tient à une *main* attachée au mur. Ce personnage est barbu et couronné de myrte. Sur la corniche du petit mur qui entoure le bain, on lit : ΠΑΝΘΑΙΟΣ ΕΠΟΙΕΣΕΝ (*Panthéus fit*).

Diam., 26 cent.

240 — Peint. j. — Intér. Un homme, à demi plongé dans une baignoire, se tient des deux mains à des cordes qui descendent du haut.

Extér. Entre deux yeux, un guerrier nu et à demi agenouillé : un casque (*aulopis*) défend son visage, et sa main droite porte un coup de lance. Le bouclier qui le couvre est orné d'une tête de taureau.

R. Sujet à peu près semblable. Le guerrier porte un casque (*cranos*). Sur son bouclier est peint un cheval.

Diam., 33 cent.

241 — Peint. j. — Intér. Un éphèbe court en tournant la tête, et en tenant deux *haltères.*

Extér. Deux éphèbes, dont l'un tient un vase de la main droite, puisent avec une tasse et un *céras* dans un grand vase placé à terre. Plus loin, un de leurs compagnons court en tournant la tête et tenant un bâton. A son bras gauche est suspendu un objet auquel nous ne pouvons donner aucun nom. ΗΟΠΑΙΣ ΚΑΛΟΣ (*l'enfant est beau*).

R. Un éphèbe plonge ses bras dans un grand vase à deux anses. En avant de lui, un autre jeune homme apporte un linge déplié. Sur le côté opposé, un troisième compagnon tourne la tête en s'éloignant. ΗΟΠΑΙΣ ΚΑΛΟΣ.

Diam., 33 cent.

242 — Peint. j. — Intér. Un éphèbe couronné de myrte saute en tenant une tasse à deux anses.

Extér. Un éphèbe, couronné de myrte, est debout entre

deux jeunes hommes qui tiennent des coupes. — R. Un autre éphèbe, tenant une cylix, danse avec deux jeunes compagnons.

Diam., 21 cent.

243 — Peint. j. — Intér. Un éphèbe, couronné de myrte et fléchissant la jambe gauche, tient devant lui un *céras.*

Extér. Un éphèbe, nu et couronné de myrte, s'enfuit à la vue d'une panthère déchirant un daim.

R. Trois éphèbes, l'un portant ses vêtements réunis dans un paquet, le second tenant un disque, et le dernier étendant le bras droit et appuyant son autre main sur un bâton. ΗΟΠΑΙΣ ΚΑΛΟΣ.

Diam., 33 cent.

244 — Peint. j. — Intér. Un jeune homme, couronné de myrte, étend le bras droit et tient de la main gauche un *céras.*

Extér. Un jeune homme, nu et couronné de myrte, est effrayé à la vue d'une panthère déchirant un daim. Sur le fond : ΗΟΠΑΙΣ ΚΑΛΟΣ (*l'enfant est beau*).

R. Un éphèbe, nu et couronné de myrte, conduit deux chevaux en laisse. ΗΟΠΑΙΣ ΚΑΛ....

Diam., 32 cent.

245 — Peint. j. — Intér. Une femme, la chevelure relevée sous une large bandelette, est vêtue d'une tunique très-courte et qui boursoufle beaucoup sur son corps. Ses poignets sont entourés de bracelets, et ses mains tiennent des crotales. Derrière elle est suspendu un disque sur lequel on lit : ΚΑΛΕ (*belle*). Le même mot est répété en avant de ce personnage. Sur le fond : ΗΟΠΑΙΣ ΚΑΛΟΣ (*l'enfant est beau*).

Extér. Un daim chassé par deux cavaliers et deux piétons est arrêté près d'un arbre, et tourne la tête vers un chien qui le mord à l'épaule. Au-dessus de lui vole un oiseau de proie. Sur le champ : Η..... ΗΟΠΑΙΣ ΚΑΛΟΣ (*l'enfant est beau*). Près de ces chasseurs se distinguent quelques inscriptions assez mal tracées.

R. Un homme barbu et enveloppé d'une draperie, approche sa main droite du visage d'un éphèbe qui porte un disque. Autour d'eux sont quatre autres jeunes gens occupés de plusieurs exercices : l'un joue de la double flûte, un autre tient un disque sur lequel est tracé deux fois le groupe de lettres suivant : ΗΙΣ. Sur le sol sont déposés une pioche et quatre baguettes.

Diam., 31 cent.

246 — Peint. j. — Intér. Un éphèbe nu et couronné soutient une outre.

Extér. Entre deux yeux, un guerrier, accroupi derrière son bouclier, se prépare à porter un coup de lance.

R. Le même sujet, où le guerrier est à demi agenouillé.

Diam., 31 cent.

247 — Peint. j. — Intér. Deux éphèbes en regard; l'un paraît offrir à son compagnon un objet de petite dimension et de forme ovale.

Extér. Une femme tournant la tête, entre deux éphèbes, dont l'un s'appuie sur un bâton. ΗΟΠΑΙΣ ΚΑΛΟΣ (*l'enfant est beau*).

R. Sujet et inscription à peu près semblables à la face précédente.

Diam., 21 cent.

248—Peint. n.—Un éphèbe, nu et le bras gauche couvert d'une draperie, court en tournant la tête et tenant un bâton noueux. ΗΟΠΑΙΣ ΚΑΛΟΣ.

Extér. Peint. j. — Entre deux yeux, un guerrier, coiffé d'une espèce de bonnet phrygien, se couvre de son bouclier.

Diam., 31 cent.

249 — Peint. n. — Extér. Trois hommes accourant vers un troisième personnage qui paraît les attendre. Sur des enroulements peints aux côtés des anses, sont perchées des chouettes.

R. Le même sujet, à l'exception qu'un cygne remplace l'une des chouettes fugurées sur l'autre face de la coupe.

Diam., 21 cent.

250 — Peint. j. — Intér. Un éphèbe, nu et debout, ceignant une épée. A ses pieds sont déposés un casque et un bouclier orné d'une tête de taureau.

Diam., 12 cent.

251 — Peint. n. — Intér. Un homme nu et qui court, tourne la tête en étendant le bras droit.

Extér. Un guerrier à demi agenouillé et en partie couvert d'un bouclier de forme orbiculaire.

R. Le même sujet.

Diam., 23 cent.

252 — Peint. n. — Extér. Entre deux yeux, une femme marche en tournant la tête.

R. Une autre femme marche sans tourner la tête.

Diam., 28 cent.

253 — Peint. au trait. — De chaque côté, à l'extérieur, une tête de femme, vue de profil et ornée d'un collier et de boucles d'oreilles. Au-dessous : HEPMOΓENEΣ EΠOEI ΣEN EME (*Hermogènes me fit*).

Diam.. 19 cent.

254 — Peint. n. — Extér. Un jeune cavalier nu et armé d'une lance.

R. Le même sujet; derrière chacun d'eux est suspendu un objet qui ressemble assez bien à une coupe.

Diam., 20 cent.

255 — Peint. j. — Intér. Un éphèbe placé en regard d'une femme, celle-ci enveloppée de son voile, et l'autre couvert du *tribon*.

R. Figures d'éphèbes.

Diam., 30 cent.

256 — Peint. n. — Extér. Un homme, nu et tenant une

haste, prend congé d'un personnage drapé et assis sur un pliant.

Diam., 20 cent.

257 — Peint. j. — Extér. Trois éphèbes appuyés sur des bâtons. L'un d'eux tient une bourse.

R. Un éphèbe assis au milieu de deux autres qui sont debout.

Diam., 28 cent.

258 — Peint. j. — Un jeune lyricine, la tête ceinte d'une couronne de laurier, marche en tournant la tête et en s'appuyant sur une espèce de massue. Sur le fond : ΑΡΙΣΤΑΡΧΟΣ ΚΑΛΟΣ (*Aristarque est beau*).

Extér. Trois hommes couronnés de laurier. L'un d'eux joue de la double flûte; un autre porte un panier, etc.

R. Un joueur de flûte, près d'un autre qui tient une coupe et d'un autre compagnon muni d'un *simpulum*. Près du second est déposé un vase.

Diam., 22 cent.

259 — Peint. j. — Intér. Un éphèbe, debout et enveloppé du *tribon*, regarde une cithare qu'il tient de la main droite. Derrière lui est un cippe élevé sur deux degrés, et sur lequel est placé un objet de forme globuleuse. L'attache cruciale, qu'on remarque au centre de cette coupe, appartient à une restauration antique.

Extér. Deux éphèbes et un homme barbu sont à demi couchés et s'appuient sur des coussins. Deux de ces personnages tiennent des tasses à la main; sur le fond est suspendue une bandelette.

R. Deux hommes barbus et un éphèbe, couchés comme les précédents, s'entretiennent ensemble. Sur le fond : une panetière et un bâton.

Au-dessous de ces peintures sont disposées circulairement des bottines, des coupes et des tasses.

Diam., 22 cent.

360 — Peint. j. — Intér. Un éphèbe, nu et vu de dos,

s'éloigne en tournant la tête, et en tenant une torche et un coffret. En arrière, marche un lyricine tenant de la main droite un *plectrum*.

Extér. Combat de trois Centaures et de trois Lapithes.

R. Le même sujet.

Diam., 33 cent.

261 — Peint. j. — Intér. Une *tibicine*, enveloppée d'un voile et portant son bagage sur le dos, chemine en jouant de la double flûte. Derrière elle se voit l'extrémité d'un lit garni de coussins; plus loin est un *pedum*.

Diam., 21 cent.

262 — Peint. n. — Extér. Un cercopithèque *ithyphallique* et debout.

R. Le même sujet.

Sur chacune des faces : ΤΛΕΣΟΝΗΟΝΕΑΡΧΟΕ-ΠΟΙΕΣΕΝ (*Tléson fils de Néarque fit*).

Diam., 22 cent.

263 — Peint. j. — Un homme barbu et la tête ceinte du *strophium*, repose à demi couché sur un lit orné de volutes et garni d'un coussin brodé. A sa gauche est une joueuse de flûte; près du lit sont une coupe posée sur un petit socle, et un *pedum*. Sur le fond, et le petit socle : ΛΥΣΙΣ ΚΑΛΟΣ (*Lysis est beau*). ΗΟΠΑΙΣ ΚΑΛΟΣ, (*l'enfant est beau*).

Extér. Vulcain, portant une double hache sur l'épaule, tient un *canthare* et monte un mulet *ithyphallique* conduit par un Satyre qui agite des crotales. En arrière de Vulcain sont deux autres Satyres, dont le premier, tournant la tête vers son compagnon, porte un *céras* et tient la queue du mulet.

R. Bacchus barbu et marchant à grands pas, tient un cep chargé de raisins et un *canthare*. Devant lui un Satyre, jouant de la double flûte, est précédé d'une Ménade agitant des crotales. Une Ménade, placée à l'arrière du dieu, court en tenant un thyrse et des crotales.

Diam., 32 cent.

264 — Peint. j. — Intér. Deux éphèbes, à demi couchés sur un lit de repas garni de coussins, s'entretiennent ensemble. L'un tient une tasse et l'autre une coupe. Au pied du lit est une paire de brodequins; en haut du champ : HO-ΠΑΙΣ ΚΑΛΟΣ (*l'enfant est beau*).

Extér. Entre deux yeux, un éphèbe nu fait courir un *trochus* avec la main droite, et tient par les oreilles, de la main gauche, un petit lapin : ΗΟΠΑΙΣ (*l'enfant*).

R. Un éphèbe, debout, s'appuie sur un baton noueux.

Diam., 30 cent.

265. Peint. j. — Intér. — Une courtisane, assise sur un siége, caresse un homme barbu, placé debout devant elle et appuyé sur un bâton.

Extér. Scènes de courtisanes.

R. Sujets du même genre que les précédents. — Sur l'une des anses est gravé à la pointe : ΗΙΕΡΟΝ ΕΠΟΙΕΣΕΝ (*Hiéron fit*).

Diam., 30 cent.

266. — Peint. j. — Intérieur. Deux éphèbes, à demi couchés sur un lit de repas, garni de coussins, et près duquel est une table. Chacun d'eux tient une tasse et une cylix, et l'un de ces buveurs est couronné de lierre.

Extér. Six éphèbes, dont cinq tiennent des tasses, font des gestes animés. L'un d'eux, entièrement nu et la tête entourée d'une bandelette, se livre au plaisir de la danse.

R. Quatre éphèbes et un homme barbu, tenant une tasse, paraissent ressentir également les approches de l'ivresse. — Sous l'anse, un panier.

Diam., 30 cent.

267 — Peint. n. — Extér. Trois hommes barbus et trois femmes sont à demi couchés par couples sur des lits de repas, près desquels sont placées de petites tables. Entre les lits se voient un serviteur et une joueuse de flûte. Près de chacune des figures est peinte une inscription contenant un nom propre, et qui, la plupart, sont assez mal tracées.

R. Course de deux quadriges montés par des hommes barbus, vêtus de longues tuniques blanches, et dont l'attelage est composé de chevaux noirs et blancs. Près des figures et des chevaux sont tracées des inscriptions assez mal écrites.

Cette coupe est percée à jour dans son axe.

Diam., 20 cent.

268 — Peint. n. — Extér. Un homme nu et barbu est assis sur un cube et joue de la flûte entre deux groupes obscènes.

R. Un homme nu accourt près d'un groupe obscène. Un grand cynocéphale, jouant de la double flûte, poursuit un personnage effrayé. Sur la droite, groupe obscène presque entièrement effacé.

Diam., 38 cent.

269 — Peint. j. — Intér. Quatre figures (*spintrienne*).

Extér. Scènes nocturnes de courtisanes et d'hommes d'âges différents. Ces personnages, au nombre de dix-sept, sont éclairés par cinq lampes élevées sur des candélabres auxquels sont suspendus des *simpules*. — Cette coupe est très-incomplète.

Diam., 38 cent.

270 — Peint. j. — Intér. Un homme barbu debout, et une main placée sur la hanche, écoute une femme assise sur une espèce de tabouret.

Extér. Scènes de courtisanes, d'éphèbes et d'hommes barbus (*six figures*). Sur le fond, un miroir.

R. Scènes du même genre; même nombre de figures.

Diam., 31 cent.

271 — Peint. j. — Intér. Une femme, coiffée d'un bonnet et portant une barbe postiche, marche en tournant la tête et appuyée sur un bâton.

Diam., 23 cent.

272 — Peint. n. — Extér. Un homme courant présente en avant une draperie, et tient un bâton.

R. Un bélier courant.

Diam., 15 cent.

273 — Peint. n. — Extér. Une sirène (ou harpie) entre deux poules et deux cygnes.

R. Le même sujet.

Diam., 21 cent.

274 — Peint. n. — Extér. L'*hippalectryon* (cheval-coq).

R. Le même sujet.

Diam., 21 cent.

275 — Peint. n. — Extér. Un lion courant.

R. Le même sujet.

Diam., 13 cent.

276 — Peint. n. — Sur chacun de ses côtés extérieurs sont peints des lions et des daims.

Diam., 13 cent.

277 — Peint. n. — Extér. Un cygne et un daim entre deux lions.

R. Un cerf et un daim paissant près d'un cygne et d'un lion.

Diam., 22 cent.

278 — Peint. n. — De chaque côté, à l'extérieur, une chèvre broutant entre deux panthères.

Diam., 21 cent.

279 — Peint. n. — Extér. Deux grands yeux séparés par des ornements. Au delà, sont deux oreilles de cheval dessinées au trait.

Diam., 23 cent.

280 — Peint. n. — Extér. Deux coqs et une poule. Au dessous sont les restes d'une inscription incomplète.

R. Le même sujet.

Diam., 23 cent.

281 — Peint. n. — Extér. Un cygne placé au centre de deux personnages drapés et de deux daims qui broutent.
R. Le même sujet.

Diam., 21 cent.

282 — Peint. j. — Intér. Le *Gorgonium*.

Diam., 20 cent.

283 — Portant sur ses deux faces l'inscription suivante : ΑΡΤΔΕΝΟΤΕΠΘΤΠΟΕΝ.

Diam., 21 cent.

284 — Une coupe brisée.

285 — Autre coupe brisée.

286 — Vase en forme de tête de femme.

Haut., 22 cent.

287 — Vase en forme de tête d'homme barbu.

Haut., 22 cent.

288 — Peint. n. — Petit plat dont l'intérieur est orné de deux lions marins.

Diam., 20 cent.

289 — Peint. n. — Petit plat sur lequel sont peints six dauphins.

Diam., 20 cent.

290 — Peint. n. — Sur un couvercle garni de son bouton : quatre quadriges lancés à la course.

291 — Couvercles et débris de couvercles qui seront vendus par lots.

292 — Les objets non décrits seront appelés et vendus sous ce numéro.

FIN.

NOMS DES ARTISTES.

INDEX DES PRINCIPAUX SUJETS.

[Les chiffres arabes non précédés de la lettre p. (page) indiquent les numéros d'ordre du Catalogue ; la lettre n. désigne les notes.]

A.

B.

C.

D.

E.

F.

G.

H.

I.

J.

K.

L.

M.

N.

O.

P.

V.

FIN DE L'INDEX.

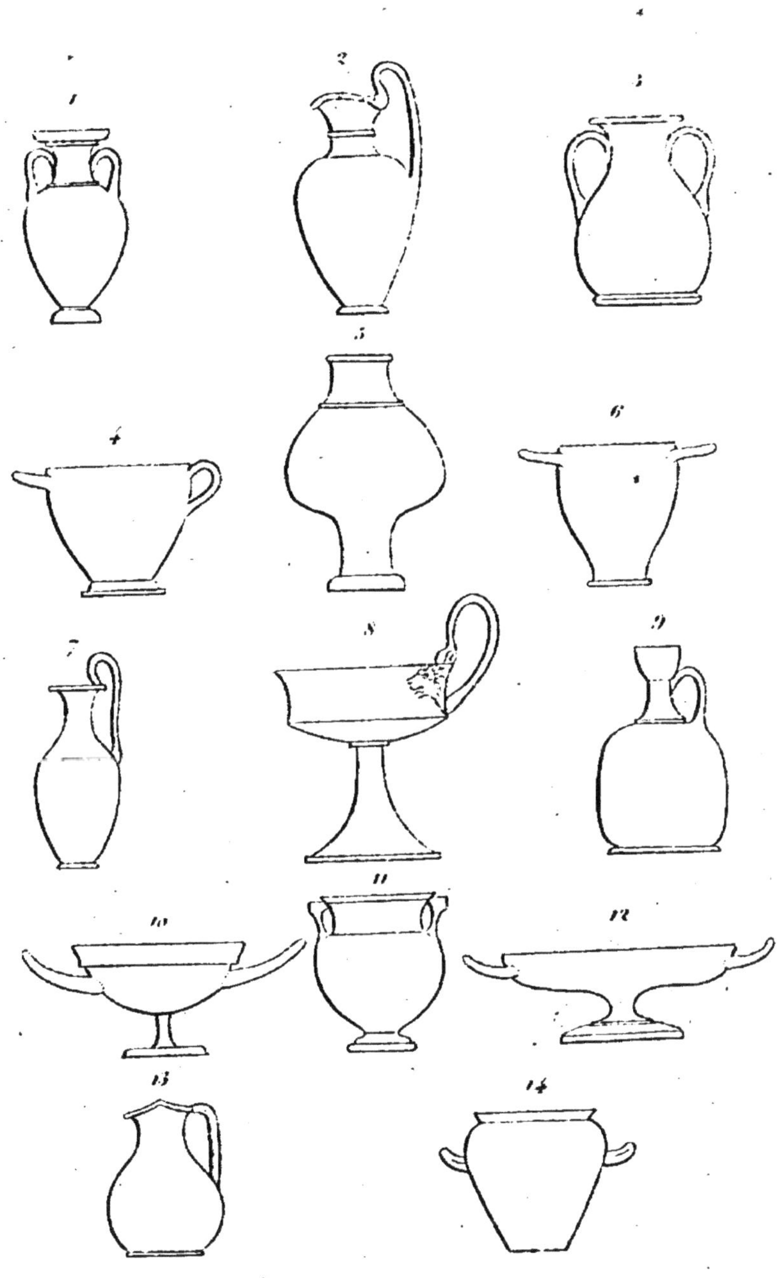

Lith. de Kaeppelin et C.ie

BULLETIN-CHRONIQUE.

Vente des vases antiques de la collection du prince de Canino.

Cette vente, qui a eu lieu (en partie au moins) dans le courant du mois d'avril dernier, n'a pas produit de bons résultats. En général, les monuments étaient en mauvais état, presque tous brisés en mille morceaux et rajustés avec une prodigieuse maladresse. Les amateurs n'ont donc pas été séduits : il faut dire aussi que le goût pour les vases dits *Etrusques* n'a pas fait des progrès très-considérables pendant ces dernières années. La découverte faite à Vulci de plusieurs milliers de vases, presque tous d'une grande importance, a fait penser à beaucoup de personnes qu'il continuerait d'en être ainsi à l'avenir, et que la multiplication des objets de cette nature leur retirerait bientôt toute espèce de valeur. On est fort lent ici à recueillir les nouvelles de l'extérieur. On ignore donc encore généralement que la source, à peine ouverte, s'est aussitôt tarie; une fois la nécropole de Vulci épuisée, on a cessé de découvrir de nouveaux monuments. L'Etrurie ne fournit plus rien, et, dans le royaume de Naples, le nombre des trouvailles n'a jamais été tel, qu'on ait pu craindre un déluge de vases. Il est donc facile de prévoir que, dans quelques années, la disette des vases se fera de nouveau sentir, et que les collections, soit publiques, soit privées, qui auront négligé de s'enrichir pendant les années d'abondance, chercheront vainement à ressaisir l'occasion qu'elles auront laissé échapper. Sous ce rapport, nous sommes en arrière du reste de l'Europe. On a laissé se disperser, avec une étonnante indifférence, la collection de M. Durand, et l'on n'a fait aucune tentative pour s'enrichir en Italie; tandis que les gouvernements de la Prusse, de la Bavière, de l'Angleterre, de la Hollande, de Bade, de Danemark, chacun selon ses moyens, ont rivalisé de zèle pour fonder des collections de vases, ou accroître celles qu'elles possédaient déjà. Ces observations toucheront peu les dépositaires de notre fortune publique. Ils continueront de voir avec dédain cette partie de nos intérêts scientifiques; mais aux yeux de quiconque a vécu dans l'étranger, il s'en faut que ces questions obscures soient dénuées d'importance. Tout pas rétrograde fait par la France, dans la culture de l'intelligence et du goût, est enregistré avec satisfaction par nos rivaux.

Au reste, la dernière vente a été aussi mal conduite que possible. Voici déjà trois fois que nous voyons un grand nom historique compromis par des agents maladroits et grossiers. Aussi l'ordre des vacations n'a pas été suivi; on a boudé les acheteurs, et quand, s'en rapportant à la feuille de vente, les amateurs se sont présentés pour des articles de leur choix, les monuments qu'ils convoitaient étaient déjà ou vendus ou retirés. On prétend que les vases non vendus sont encore à Paris, et qu'on les offre à l'amiable. Après l'épreuve qu'on vient de faire, il sera difficile de les placer avec avantage.

Parmi les objets vendus, il n'y en a que trois qui méritent d'être cités. Ce sont les numéros 1 (1,000 fr.), 79 (2,512 fr.) et 85 (800 fr.), achetés par le musée du Louvre, qui s'y prend un peu tard pour réparer ses pertes. La Bibliothèque royale a fait aussi quelques acquisitions intéressantes, et plusieurs des numéros sur lesquelles elle avait jeté son dévolu, lui ont été enlevés soit par M. Hope, soit par M. Vivenelle, dont la libéralité s'exerce en faveur de la ville de Compiègne.

Pendant que la vente des vases de Canino prenait cette tournure mélancolique, on se disputait, dans la salle voisine, des *pornographies* de Clodion, avec un véritable acharnement. Tel est le chemin que prend peu à peu *la première nation de l'univers.*

Vente du cabinet de M. Didier Petit, de Lyon.

Les amateurs d'objets du moyen âge et de la renaissance conserveront le souvenir de la vente du cabinet de M. Didier Petit. C'est certainement la collection la plus importante en ce genre qui ait été livrée aux enchères jusqu'à présent. Bien que les monuments émaillés y tinssent la première place par leur nombre et par leur beauté, les meubles, les vitraux, l'orfévrerie, les armes, les faïences, la verrerie, les ivoires sculptés et les manuscrits y étaient dignement représentés. Il n'est guère possible de donner utilement les prix de vente d'objets qui échappent à une brève description, et qui tous très-divers de forme et de mérite, ne présentent pas comme les livres d'estampes, les médailles et les tableaux de maîtres, une suite assez nombreuse de produits semblables répandus dans le commerce et dans les cabinets, dont il est bon de connaître le cours, soit pour se guider dans des achats, soit pour connaître la valeur

www.ingramcontent.com/pod-product-compliance
Ingram Content Group UK Ltd.
Pitfield, Milton Keynes, MK11 3LW, UK
UKHW020933180726
13838UKWH00002B/923

9 782329 076782